aus den büchern von
... die habe ich schon lange gesucht! ...

thomas hartmann
albecker steige 128
89075 ulm-donau

Schwarz/Henseler, Oh was Bogges!

Oh was Bogges!

Fasnet in Rottenburg

von Reinhard Schwarz
und Kurt Henseler

Konrad Theiss Verlag

Gedruckt mit Unterstützung der Volksbank Rottenburg
unter Mitwirkung der Narrenzunft Rottenburg

CIP-Kurztitelaufnahme der Deutschen Bibliothek

Schwarz, Reinhard:
Oh was Bogges!: Fasnet in Rottenburg/von Reinhard Schwarz
u. Kurt Henseler. [Unter Mitw. d. Narrenzunft Rottenburg].
– Stuttgart: Theiss, 1986.
  ISBN 3-8062-0459-4
NE: Henseler, Kurt:

Umschlaggestaltung: Rolf Bisterfeld unter Verwendung
eines Fotos von Kurt Henseler

© Konrad Theiss Verlag GmbH, Stuttgart 1986
Alle Rechte vorbehalten
Satz und Druck: Gulde-Druck GmbH, Tübingen
Printed in Germany
ISBN 3-8062-0459-4

»Jetzt isch' halt so!«

Fasnet in Rottenburg – Dem Fremden ein stimulierender Publikumsmagnet, dem Einheimischen eine jährlich wiederkehrende Selbstverständlichkeit. Wer den Trubel mitmacht, findet sich alsbald in ein dichtverwobenes Netz von persönlichen Beziehungen integriert, die oft nicht nur privater Natur sind. Inmitten des städtischen Lebens hat sich ein System entwickelt, das aus sich heraus pulsiert und sogar in der Lage ist, das Alltagsleben Rottenburgs eine ganze Woche lang im Jahr zu dominieren. Es ist die Chance des Außenstehenden, des Nicht-Rottenburgers und sympathisierenden Gelegenheits-Narren, mit relativ ungetrübtem Blick die Geschichte, den Aufbau und die Organisation des Fasnettreibens klärend, ordnend und erläuternd zu untersuchen: Er ist nicht »drin«, ist unbelastet von wertenden Insiderinformationen, die in einer Stadt dieser Größenordnung unablässig die Runde machen. Er hat dabei die Möglichkeit, nüchtern, sachlich, mit Abstand – jedoch nicht unbedingt emotionslos – dem Phänomen Fasnet auf den Grund zu gehen; doch kann er, um dem Untersuchungsgegenstand Leben und Geist einzuhauchen, auf Insiderwissen – Geschichten, Klatsch und Wertungen – nicht verzichten. Nicht immer war es einfach, die Mauern befremdeter Zurückhaltung einzureißen, in den Bereich vorzustoßen, der dem Befragten vertraute »Ich-Geschichte« sein mag. Die Suche nach Quellen und Belegen in Form von Akten und Dokumenten gestaltete sich mitunter zäh, weil die Geschichte der Fasnet eben auch die Geschichte des einzelnen ist, der sich oft nur ungern von »seinem« Erlebten trennt. Um so höher ist die Arbeit derer einzuschätzen, die das Zustandekommen dieses Buches engagiert unterstützten: die Damen und Herren von der Stadtverwaltung, an deren Spitze Dr. Winfried Löffler, dazu Kulturamtschef Roland Löhle und der stets kooperative und kundige Stadtarchivar Karlheinz Geppert. Von der Narrenzunft sei hier besonders Zunftmeister Rolf Moll mit allen seinen Gruppenführern und Funktionären erwähnt und Klaus Göggel, der in fruchtbringender Sammelwut beständig und hartnäckig wichtigen Materialien hinterherjagte und guten Rat erteilte. Fritz Holder von der Rottenburger Post ermöglichte einen glatten Einstieg in die Thematik. Rudolf Schneider und Herbert Baur von der Volksbank taten ein übriges, den Narren Rottenburgs ihr Fasnetsbuch zu ermöglichen. Weiterer Dank gilt: Wilhelm Baur, Hermann Goessler, Hans Habermann, Günter Holzherr, Walter Müller, Egon Pulvermüller, Herbert Stemmler und allen fasnetsbesessenen Gesellen, die durch ihr Verhalten für günstige Bedingungen sorgten.

Tübingen, am 11. November des 533. närrischen Jahres
Reinhard Schwarz

Inhalt

»Jetzt isch' halt so!« 5

Die Fasnet einst 9

Die närrische Frühzeit 9
Behördenwillkür und Narrengeduld 11
Maskenbälle als gesellschaftliches Ereignis 13
Lokale und Vereine als Träger der Fasnet 16
»Fastnachts-Comités« in den Gründerjahren des Deutschen Reiches 18
Seit 1900: Turn- und Festhallenfasnet 22
Der Erste Weltkrieg und die Folgen 26
Die Erstgründung der Rottenburger Narrenzunft .. 27
Der Aufschwung in den dreißiger Jahren 31
Niedergang und Neugründung der Narrenzunft ... 36
Narrenblüte 38

Die Fasnet heute 40

Organisation, Figuren 40
Die Ahlande 40
Die Hexen 41

Historischer Teil 42
Die Laufnarren 42
Die Pompele 44
Der Narrenrat 44

Ablauf 45
»'s goht dagega« 45
»Schmotziger Daoschdig« 46
Freitag 49
Samstag 50
Sonntag 51
Rosenmontag 53
Fastnachtsdienstag 54
»Am Aschermittwoch isch' älles vorbei?« 55

Anmerkungen 56

Literatur 89

Bildnachweis 90

Die Fasnet einst

Die närrische Frühzeit

Wie alt ist die Rottenburger Fasnet? Diese oft gestellte Frage ist nicht unwichtig, gewiß, doch für den Ablauf des Geschehens von untergeordneter Bedeutung. Es waren die »Zeiten«, d.h. politische, ökonomische, soziale und kulturelle Regungen und Strömungen, die dem Volksphänomen »Fasnet« das Gesicht verliehen. Eine streng logische Abfolge durch die Jahrhunderte läßt sich nicht nachweisen. Zweimal brannte das Rathaus, und mit ihm gingen unersetzliche Akten, Dokumente und Schriftstücke verloren: wichtigste Hilfsmittel des Historikers für die Rekonstruktion närrischen Lebens in Rottenburg. Was Feuer, Zufall und menschliche Sorgfalt hinterließen, scheint dennoch geeignet, den Ausflug in das Einst zu wagen und ein relativ schlüssiges Bild des Treibens zu zeichnen.

Bereits hier erhebt sich die Frage, ob es erlaubt ist, vom höfischen Fastnachtstreiben auf die Entwicklung und den Gang einer populären Bürger- und Bauernfasnet zu schließen. Adelslustbarkeiten aller Art – und dazu gehörten auch höfische Fastnachtsspiele – dienten reinem Selbstzweck, und dem Volk fiel dabei allenfalls die passive Rolle jubilierender Statisten zu. Erste Nachrichten von Fasnetsfeiern datieren aus der Zeit des Spätmittelalters und der Renaissance, aus einer Epoche also, in der sich kaum ein Chronist für das Treiben der niederen Stände interessierte – es sei denn, sie fielen in negativer Weise auf. In diese Zeit setzen die Narren Rottenburgs die Anfänge ihrer Fasnet.

Die erste bekannte Erwähnung fällt in das Jahr 1410, als sich die Stadt hoheitsrechtlich im Pfandbesitz von zehn schwäbischen Reichsstädten befand. Aus dieser Zeit existieren amtliche Jahresrechnungen, in denen u.a. der Jahressold von Stadtpfeifern („Pfiffer") erwähnt ist[1], der »auf vassnacht« auszubezahlen war. Immerhin mag dieser Posten von 27 Hellern beweisen, daß bereits hier die närrischen Tage den Bürgern der Stadt ins Bewußtsein gerückt waren; ob nun aber als reiner Datierungsbegriff[2] oder als aktive Hoch-Zeit spätmittelalterlichen Narrendaseins, muß infolge der mangelhaften Quellenlage dahingestellt bleiben. Jedenfalls war die Narrenfigur den Rottenburgern zu Beginn des 15. Jahrhunderts keineswegs unbekannt. Ein dümmlich dreinblickender Vertreter dieser Spezies verschönert als Teil eines Freskenzyklus den Obergaden der alten St.-Moriz-Kirche. Die Entstehung dieses Narren im mittelalterlichen Gewand, der ohne Not seine Funktion als Trägerfigur ausübt, wird auf das Jahr 1420 angesetzt. Zwei Glöckchen zieren die Narrenkappe, schräg stehende Augen, eine weit vorstehende Nase und sinnlich aufgeworfene Lippen kennzeichnen die Physiognomie des Narren, wie sie in neueren Darstellungen[3] typisiert wird. Da eine solche Figur in der christlichen Heilslehre als glaubensfeindlicher Anti-Typ, als allegorischer Mahner und Warner wider die Versuchung gegen den Schöpfer und seine Gebote zu verstehen war, darf allein von daher noch nicht auf ein weitschweifendes fastnächtliches Treiben in Rottenburg geschlossen werden.

Konkretere Angaben finden sich dann fünfzig Jahre später.
1452 heiratete Mechthild von der Pfalz, die Witwe des Grafen Ludwig von Württemberg, den Bruder Kaiser Friedrichs III., Erzherzog Albrecht IV. von Österreich. Was Mechthild in die Ehe einbrachte, wurde in der Übereignung der vorderösterreichischen Grafschaft Hohenberg auf ihre Person garantiert, so daß sich Rottenburg vom Jahr 1454 ab als Residenzstadt präsentieren konnte. Albrecht, genannt »der Verschwender«, und seine Gemahlin, »das Fräulein von Österreich«, führten eine wenig harmonische Ehe, was mit auf den Umstand zurückzuführen sein dürfte, daß das Gattenbündnis wohl eher politischer Natur war.

Binnen kurzer Zeit gelang es der klugen und gebildeten Mechthild, ihre Stadt in ein bedeutendes Zentrum humanistischen Geistes- und Gesellschaftslebens zu verwandeln. Bekannte Literaten genossen Dauerwohnrecht in der Grafschaft Hohenberg, und auch Vertreter des aussterbenden Berufszweigs »Minnedichter« gaben sich unter der Gnadensonne Mechthilds mit Lust und Freuden ein Stelldichein. Erste Hinweise, daß die Gräfin beileibe nicht nur geistige, sondern auch weltliche Genüsse auszukosten geneigt war, lieferte der greise Hermann von Sachsenheim in seiner Dichtung »Die Mörin«, die er der Angebeteten widmete. Davon berichtet Graf Froben Christoph von Zimmern in der nach ihm und seinen Vorfahren benannten »Zimmerschen Chronik«: »Ir wesen und hofhalten ist aller frewden und wollusts, so man erdenken und gehaben mogt, überflissig vol gewesen; hett auch fraw Venusperg (künden) genennt werden, darin man sprücht sovil frewden seien, daher auch der alt ritter, herr Herman von Sachsenheim, ein schön gedicht von ir gemacht, genannt die Mörin ...«[4]

In späteren Deutungen und Interpretationen wurde nun häufig versucht, das Bild der »Frau Venusberg« zu entschärfen oder auch den gängigen zeitgenössischen Moralvorstellungen anzupassen[5], ein – wegen fehlender Gegenquellen – aus historischer Sicht höchst zweifelhaftes Vorhaben. Tatsache bleibt, daß Sachsenheims Gedicht der Gräfin wohlbekannt war und sie keinerlei Anstrengungen unternahm, ihren »Venushof« zu dementieren.

Was aber war es konkret, das der feingeistigen Dame neben dem hehren Ruf literarischen Mäzenatentums das Negativ-Image einer »femmelette«, eines leichtfertigen Weibchens, verlieh? Mitschuldig im Sinne der Moralprediger war gewiß ihr Gatte Albrecht »der Verschwender«. Über die Hofhaltung des Paares berichtet Ritter Georg von Ehingen[6]. In seinen »Reisen nach der Ritterschaft« heißt es, daß der Erzherzog an seinen Höfen zu Rottenburg und Freiburg die Zeit mit »rennen, stechen, dantzen und der glych, och sunst an der iebung in frölichait« totschlug[7]. Ähnliches weiß auch von Zimmern zu erzählen, der seinen Vorfahren Wernher von Zimmern »in grosem verdacht« sah, sich »über gepüre mit disem überflaischgierigen weib hab wellen einlassen, gleichwol er oft beschriben, auch erschienen ist und mit andern graven und herren, auch denen vom adel vil daselbst gerennt und gestochen ...«. Die Turnierübungen, das Tanzen und Tändeln schienen sich über das ganze Jahr erstreckt zu haben, und die Fastnachtszeit war offensichtlich der Höhepunkt: »Sie hat zu Rotenburg grosse Höf, auch cöstliche vasnachten gehalten, dann sie nach absterben herzog Albrechten von Österreich so mangirig gewesen, daß sie der wal sich beflüssen.«[8] Es folgt eine recht drastische Beschreibung der Taten des »überflaischgierigen« Weibes Mechthild, die in allen bisher veröffentlichten Darstellungen zu diesem Thema im reinsten Sinne des Wortes elegant umschrieben werden, auch in der vorliegenden Schrift!

Wie aber hat man sich die Fastnachtsfeiern an Mechthilds Hof vorzustellen? Die Nachrichten darüber sind, wie eingangs erwähnt, dürftig, und will man der Chronik derer von Zimmern glauben, so war »ain groß rennen und stechen uf dem Mark(t)«, dem Mechthild mit ihrer Kammerzofe und bisweilen auch mit einem forsch-frech-fingernden Rittersmann, Veit von Emmershofen, beiwohnte[9].

Solche Ritterspiele werden das einzige gewesen sein, von dem die Rottenburger etwas mitbekamen, denn alle anderen Festivitäten fanden hinter verschlossenen Türen und borniertem Standesschranken statt. Ob die in der Chronik erwähnten frivolen Spielchen, die Mechthild mit ihrem Ofenheizer Halberdrein trieb, der Wahrheit entsprachen und Teil ihrer Fastnachtsunterhaltung waren, mag dahingestellt bleiben. Wichtig für die Rottenburger Fasnet, wie wir sie kennen, ist, daß sich die Figur des rätselaufgebenden Halberdrein aus dieser Zeit heraus entwickelte und heute als Stammvater für die quirligen Laufnarren gelten darf.

Rottenburgs Stadtpoet Sebastian Blau brachte die Mechthild-Zeit auf einen Nenner, der von realistischer Einschätzung zeugt: »Frau Mechthild hat viel Freude an Geselligkeit, an Rennen und Stechen, an Fastnachtsmummereien und sonstigen Lustbarkeiten gehabt, was in keine Heiligenlegende paßt, umso besser aber zu einer mit allen Sinnen dem Leben fröhlich zugewandten Pfälzerin, zu einer Frau der Renaissance, die über das zeitgenössische Maß ihrer fürstlichen Standesgenossen und -genossinnen hinaus gebildet und gescheit war.«[10] Welches historische Vorbild eignet sich da besser, den Platz Mechthilds in der Fasnet des heutigen Rottenburg einzunehmen? Kein echter Narr, der da glaubt, in der Figur der Erzherzogin unbedingt nur die bedürfnislose, allem Weltlichen entrückte Förderin der schönen Künste sehen zu müssen. Dann wäre man sicher besser beraten, alljährlich statt der Fasnet eine Kunst- und Kulturwoche zu begehen.

Behördenwillkür und Narrengeduld

Nach der sinnesfrohen Zeit des »Fräuleins von Österreich« folgten die »dunklen Jahre«. Verbote, nichts als Verbote! Das galt nicht nur für Rottenburg. Überall in den altgläubigen Gegenden der deutschen Lande zeigte sich die Obrigkeit eifrig bemüht, die immer mehr um sich greifenden Fastnachtsmummereien zu unterdrücken. Reformation und Gegenreformation, Kriege und Seuchen entzogen »Teufeln«, »Hexen« und »Narren« jegliche Grundlage für eine frohe und gesicherte Existenz – ja, es konnte wohl lebensgefährlich werden, wenn man die teuflischen Mächte auch nur imitierte. Immerhin, so berichtet Martin Crusius in seiner »Schwäbischen Chronick«[11], fanden im Rottenburg des 16. Jahrhunderts sieben »Zauberer« und 39 »Hexen« durch erbarmungslose Autodafés ein grauenvolles Ende. Harmlose Fastnachtstollereien wurden mit Geldbußen geahndet. In Freiburg, dessen Fasnetsgeschichte von den Anfängen bis 1945 der Rottenburger Entwicklung in bemerkenswerter Weise ähnelt, wurde dazumal den Stadtknechten befohlen, diejenigen Fasnetsnarren, die sich gegen Frauen und Kinder ungebührlich benahmen, kurzerhand einzusperren. Auch Personen, die in Passionsspielkostümen gefaßt wurden, landeten hinter Schloß und Riegel, und ab 1567 wurden »Mummerei, Butzen und das Narrenlaufen« sowie das »Butzenweiß laufen«, durch obrigkeitlichen Erlaß untersagt[12]. Bisweilen wurden die Verbote gelockert oder gar aufgehoben, aber sowie Schwierigkeiten – unzüchtige oder standesfremde Kleidung, Johlen, Gruppenbildungen – auftauchten, machten die Häscher dem Mummenschanz ein Ende. Stets waren es die Bürger und die Bauern, die sich ein Quentchen närrischer Freiheit ertrotzen wollten, und immer reagierte die Obrigkeit, indem sie diese frühen Emanzipationsbestrebungen strikt unterdrückte. Und wenn es einmal nicht die Schergen des Magistrats waren, die das Butzenweißlaufen verhinderten, so taten die Pest oder brandschatzende Landsknechte ein übriges, dem einfachen Mann die große fastnächtliche Freude zu verkleinern. Für den Bereich der Grafschaft Hohenberg blieb ein Dokument erhalten, das im Jahre 1616 u.a. wider die fastnächtlichen Tollereien verfaßt wurde: »Vogtgerichts-Ordnung und gemeine Gebot und Verbot der Stadt Rottenburg am Negger, / so Schultheiß, Bürgermeister und Rat der Bürgerschaft daselbst jährlich verkünden und gebieten lassen, reformiert und erneuert durch Herrn Haubtmann, Schultheiß, Bürgermeister und Rath zu gedachtem Rottenburg auf Hylarii (14. Januar) anno 1616.« Neben allerlei Vorschriften, Geboten und Verboten zur obrigkeitlichen Regulierung des alltäglichen Lebens der vorwiegend armen Bürger stand kurz und bündig abgefaßt zu lesen: »Nit in Butzen weiß gehen. Item (auch) es soll keiner mit Teufels Klaidern oder noch sonsten in Butzenweiß gehen bey Poen (Strafe) eines Pfundt Hellers.« Damit war nun klar bewiesen, daß seit dieser Zeit ein ganz bestimmter, weißgewandeter Narrentyp die Rottenburger Autoritätsträger nervte. Die Vermutung, daß es sich hierbei um die Vorform eines Ahlands, gewissermaßen einen Ur-Ahland handelte, muß erlaubt sein. Im Zusammenhang mit dem Auftreten dieser Weißnarren hat der Fastnachtsforscher Wilhelm Kutter darauf hingewiesen, daß ein großer Teil des schwäbisch-alemannischen Fastnachtslandes vorderösterreichischer Besitz war und gerade in diesen Regionen die Weißbutzen vermehrt umgingen. Für alle galt, auch schon im 17. Jahrhundert, die Häsordnung, die uns durch den Ahland bestens tradiert und bekannt ist:

Holzlarve, weiße Hose und Kittel, bunt bemalt mit den verschiedensten regionaltypischen Motiven, dazu schwere Schellenschulterriemen[13]. Mag er damals auch noch nicht Ahland geheißen haben, so war er doch als losgelassener Frühlingsbote in den mittelalterlichen Gassen der Grafschaft Hohenberg präsent. Allerdings nicht immer, wie die Vogtgerichtsordnung glauben macht, denn ein ganzes Pfund Heller wird so manchem Narren die Freude am Laufen vergällt haben.

Die Zeiten wurden hart, der Dreißigjährige Krieg ging ins Land. Der Westfälische Friede von 1648 brachte nur eine kurze Verschnaufpause, bis dann die grünen Türkenbanner erneut Gefahr und Unruhen ins Land brachten. 1683 standen die Muselmanen vor Wien. Nach deren erfolgreichem Zurückdrängen schien sich augenblicklich wieder närrisches Leben gerührt zu haben, denn die Regierung für Vorderösterreich in Innsbruck sah sich genötigt, für den Bereich zwischen Tirol und der Grafschaft Hohenberg ein allgemeines Fasnetsverbot auszusprechen. Dieser Erlaß[14], datiert vom 24. Januar 1685, gerade rechtzeitig, bevor die Rottenburger ihrem Generalmotto »'s goht dagega!« treu werden konnten. Der »Römisch Kayserlichen Majestät President, Cantzler/Regenten und Räthe« taten kund, daß »bey jetzig schwebenden schwär: und gefährlichen Zeiten und annoch bevorstehenden nit geringen Kriegs=Gefahren deß sich wider die allgemeine Christenheit mit aller Macht armierenden Erb=Feindes deß Türcken nit allein alle Üppigkeiten und Unzucht: sondern auch zu jetziger Faßnacht=Zeit alle und jede Mascaraden / Mummereyen und sonsten ausser der bey denen Hochzeiten und anstellenden Ehrlichen: keineswegs aber nachdenkliche Täntze und in sonderheit auff der offentlichen gassen brauchende Saiten: und andere Spihle auff alle Weis abzustellen die Notdurfft erfordert.«

Damit stand nun fest: Erlaubt war nichts, verboten dagegen alles, und um dem Nachdruck zu verleihen, wurden im Falle von Zuwiderhandlungen Sanktionen angedroht: »Unser gemessener und ernstlicher Befelch hiermit an euch, daß ihr ohne Zeits Verliehrung bey Vermeydung Kayserl. und Hoch=Fürstlicher aller und höchster Ungnad und Straff so wol bey dieser Faßnacht Zeit all und jede Mascaraden und Mummereyen (...) gebührend verbieten, daß solches Verbot allerdings gehalten werde, fleissige Obsicht haben und wider die Vertrettere mit empfindtlicher Straff verfahren sollet.«

Da hatten die Rottenburger schon wieder ihr offizielles Fasnetsverbot, und das gerade jetzt, wo man doch eigentlich mal wieder ein wenig Zeit gefunden hätte, ins frisch abgestaubte Häs zu schlüpfen. Wenn auch die Zeiten alles andere als Ruhe, Sicherheit und Wohlstand versprachen, so schienen es sich die munteren Neckarstädter doch nicht vom Türken und den ebenfalls drohenden Franzosen verdrießen lassen zu wollen. Natürlich stand das Feiern und Festen in der närrischen Woche zu Notzeiten stets in

Eines der ersten Zeugnisse aus den Frühtagen des Narrendaseins: Figur aus dem Freskenzyklus am Obergaden der St.-Moriz-Kirche.

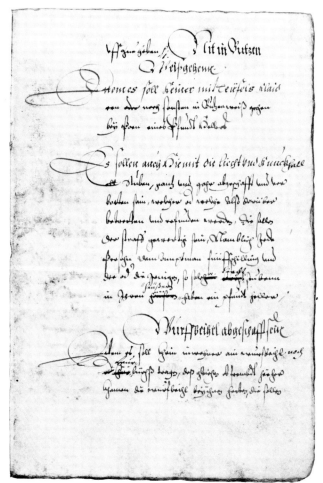

Die Rottenburger Vogtgerichtsordnung von 1616 verfolgte die Absicht, jede närrische Regung der Bürger in vorderösterreichischen Landen im Keim zu ersticken: »Nit in Butzen Weiß gehen!«

Eine authentische Darstellung der Erzherzogin Mechthild im Wappenbuch des Hans Ingeram von 1459. Das rote Kleid ist golddurchwirkt und wird durch einen Gürtel zusammengehalten. In der Rechten hält »Frau Venus« einen Spiegel: Attribut holder, eitler Weiblichkeit.

Frage, doch fieberten die Bürger der Stadt nach diesen entbehrungsreichen Jahrzehnten gewiß nach jeder Gelegenheit zu fröhlicher Ausgelassenheit. Daß dies den amtlichen Regierungsstellen bis hin nach Innsbruck, wenn nicht gar Wien, bekannt war, beweist dieses strikte Verbot. Dabei ließen sich die Aufsichtsorgane sicher nicht nur von der Sorge um die Sicherheit und das Wohlergehen ihrer Untertanen leiten, nein, mit ein Grund für die Absendung des Verbots wird das Unbehagen gewesen sein, das sich zunehmend mehr bei der Beobachtung des unkontrollierten närrischen Geschehens einstellte. Allgemein war auf der närrischen Landkarte eine Anhäufung von Verboten dieser Art festzustellen, denn an den absolutistischen Fürstenhöfen, die sich nach und nach herausbildeten, war nur die Arbeitskraft des gehorsamen Untertanen gefragt, keinesfalls aber dessen kreatives Freizeit- und Vergnügungsvermögen – und das womöglich auch noch unter der Larve autoritätsverneinender Anonymität. Daß die häufigen Verbote auf Dauer nichts gefruchtet haben, beweist das Fortbestehen der fastnächtlichen Tradition. Dies scheinen auch die Behörden eingesehen zu haben, denn von einem generellen Verbot des Butzenlaufens wurde nie etwas bekannt. Eine solche Maßnahme hätte wohl kaum etwas geändert: Denn jedes Jahr ist Fasnetszeit, und echte Narren lassen sich ihre Maske höchst ungern vom Gesicht reißen. Wer konnte wissen, ob nicht auch hohen Magistratsbeamten schon im Januar das Lammfell juckte, das die ersehnte fremde Identität verlieh, um einmal im Jahr »anders« sein zu können?

Indessen blieben die Zeiten schwer. Die Reorganisation des Vielvölkerstaates Österreich in der zweiten Hälfte des 18. Jahrhunderts ließ in seinen rationalistischen und utilitaristischen Bestrebungen zur Straffung des Reichskörpers keinen Raum für die Pflege volkstümlich gewordenen Brauchtums. Der Staat war allmächtig und überall präsent und verwahrte sich gegen jede Regung individuellen Auftretens seiner Volksgruppen. Die Irrationalität im Ablauf des Fasnetgeschehens, das gefühlsbetonte und stark vom Glauben abhängige Volksvergnügen paßte ganz und gar nicht ins Weltbild des Josephinismus, der vom Gedanken absolutistischer Staatsallmacht getragen war.

Zu Ende des 18. Jahrhunderts lebten in Rottenburg etwa 4000 Einwohner. Daß nur ein Bruchteil davon närrischen Gedanken nachhing, liegt auf der Hand. Von einer Organisation konnte noch keine Rede sein, zumal die Fasnet von den Behörden widerwillig toleriert wurde. Das bunte Treiben trug doch stets den Gedanken des Ungehorsams in sich und wurde dementsprechend mißtrauisch beäugt. Vieles spricht dafür, daß bis zum Ende des 18. Jahrhunderts eine »wilde«, unorganisierte, rein aus dem überlieferten Brauchtum lebende Straßenfasnet existierte. Sieht man einmal von der Figur des »Weißbutz« ab, waren bestimmte Narrentypen, wie sie uns heute geläufig sind, damals unbekannt; der Phantasie waren nur durch die Armut Grenzen gesetzt, oft wird wohl ein umgedrehter Kochtopf als Narrenkappe und ein alter Sack als Häs gedient haben. Man orientierte sich auch gewiß an den Narrenfiguren, die im Spätmittelalter als »Hanswurst« oder »Eulenspiegel« europaweit bekannt waren. Die höhergestellten Stände griffen in den Typen-Fundus, den die italienische commedia dell'arte bot. Diese Figuren waren in ihren Charakteren exakt gezeichnet und durch eine penible Kostümordnung ausgewiesen. Doch konnten sich nur »betuchte« Bürger solch gockelhaften Putz erlauben, und deren Anzahl war in Rottenburg so verschwindend gering, daß diese Gruppe für die Geschichte der Fasnet keine Rolle spielen darf. Zu allen Zeiten war es der »einfache« und »kleine« Mann, dem wir die kontinuierliche Bewahrung und Pflege des närrischen Treibens verdanken.

Maskenbälle als gesellschaftliches Ereignis

Nach der Französischen Revolution kamen mit den Emigranten-Corps des versprengten französischen Adels neues Leben, auch feinere Sitten und Gebräuche in die Nekkarstadt. Der »Ball«, bisher Treffpunkt der elitären, höheren Stände in gepflegter, nichtöffentlicher Festlichkeit, eroberte sich nicht zuletzt durch das Wirken der fremden Militärs ein breiteres, bürgerfeines Publikum. Die Bauern und Kleinstbürger verblieben natürlich mit ihren Kochtöpfen und Grobleinensäcken weiterhin auf der Straße oder in der Wirtschaft, doch sorgte die bürgerliche Emanzipation letztendlich für die Verkleinerung der Kluft zwischen den Besitzenden und den Habenichtsen auch in der Fasnetszeit.

Der Maskenball wurde zum zentralen gesellschaftlichen Ereignis, und damit auch alles unter Kontrolle blieb, wählte man einen Ort, an dem die Verwaltungs- und Vollzugsorgane der Behörden dicht beieinander lagen: das Rathaus. Offenbar hatte man eingesehen, daß die Rottenburger Fasnet nicht totzukriegen war und zeigte sich bestrebt, die Veranstaltungen durch Zentralisierung in den Griff zu bekommen. Über das Reglement dieser behördlich genehmigten Maskenbälle geben einige Verordnungen Auskunft, die sich bis heute im Archiv der Stadt erhalten haben. Von übergeordneter oberamtlicher Seite wurde am 23. 12. 1793 dem k.k. Magistrat mitgeteilt, daß es dem Kaiserwirt Fidelis Camesaska gestattet ist, einen Faschingsball im oberen Rathaussaal abzuhalten. Der geschäftstüchtige Wirt hatte dafür einige Auflagen zu erfüllen. Neben den Kosten für die Heizung, Beleuchtung und Musik mußte er von seinem Nettoverdienst von jedem Gulden sechs Kreuzer an die Armenkasse der Stadt abführen. Weiterhin hatte er für alle sonstigen Nebenkosten aufzukommen, sogar für die Inseratengebühren der Stuttgarter Zeitung, in der die allgemeingültige Ballordnung publiziert worden war. Aus diesem allerhöchsten Erlaß der K.K. Vorderösterreichischen Regierung läßt sich einiges über den Ablauf des närrischen Ballgeschehens im Rathaus herauslesen.

Punkt eins schrieb vor, daß nur im Rathaus das Tragen von Masken und Verkleidungen gestattet war, also nicht in Kaffee- und auch nicht in Wirtshäusern, ja, nicht einmal auf Privatfesten. Punkt zwei bestimmte die sieben Sonntage und den Fastnachtsdienstag, an denen getanzt werden durfte, jeweils von abends 21 Uhr bis in den frühen Morgen, mit Ausnahme des Dienstags, an dem um 24 Uhr Schluß sein mußte. Hier bereits bildeten sich die Wurzeln für die Redouten, wie sie heute jeder kennt.

Punkt drei sollte jedem, ohne Unterschied des Standes, die Teilnahme garantieren – wenn er bereit und in der Lage war, Punkt vier zu akzeptieren und 36 Kreuzer Eintrittsgeld auf den Tisch legte.

Punkt fünf verbot jegliches Tragen von Waffen bei »Wegschaffung durch die Wache«. In einer Zusatzbemerkung wird deutlich, daß Standesunterschiede zumindest nach unten hin doch eine Rolle spielten. Dienern und Mägden war das Betreten des Tanzsaales untersagt, sie hatten in einem bestimmten Raum der Befehle ihrer festesfrohen Herrschaften zu harren.

Punkt sechs wandte sich gegen das Tragen aller »ekelhaften« und »gräßlichen« Vermummungen. Dazu gehörten Kostüme, die den ganzen Körper verhüllten oder gegen den Sittenkodex verstießen; besonders aber durften keine geistlichen Gewänder – gleich welcher Religionsrichtung – angelegt werden.

Punkt sieben verbot Glücksspiele, Punkt acht selbstangemaßte Privilegien. Keiner sollte beim Tanzen ein Vorzugsrecht genießen dürfen. Auch die Tanzschritte waren vorgeschrieben, nur »Minuets« und »deutsche Tänze« sollten zur Aufführung kommen. Der letzte Punkt regelte die Modalitäten der Bewirtschaftung. Nur frische und »echte« Eßwaren und Getränke sollten im Angebot sein, deren Preise durch den Magistrat festgesetzt worden waren. Zudem mußten die Preise öffentlich angeschlagen werden, »wornach sich also jedermann zu achten wissen wird«.

Mit der Publizierung dieser Ballordnung gab man sich noch nicht zufrieden, wer, schließlich, konnte wissen, ob sich die losgelassenen Narren an die neun Punkte hielten. Also wurde ein Oberamtskanzlist zum »Ballkommissär«

bestimmt, der ganz und gar unnärrische Blicke vor und hinter die Kulissen des Ballsaales zu werfen hatte und bei Verstößen auch nicht zögerte, mit Hilfe der Saalwache seiner k.k. Regierungsautorität Geltung zu verschaffen.
Daß dann aber trotzdem nicht alles so lief, wie sich die Ordnungsinstanzen das vorstellten, beweist ein Schreiben des Oberamtsrats Kreiser aus dem Jahre 1797 an die »hohe Landesstelle«, der dem Obolus für die Armenkasse hinterherlaufen mußte. Da es im Rathaus wegen der Ämteranhäufung recht eng zuging, versuchten die Wirte Peter Grammer und Bernhard Gerber Ausnahmeregelungen zu erhalten. So fanden die genehmigten Bälle hin und wieder doch in Privathäusern statt, fern behördlicher Kontrolle, so daß plötzlich offiziell kein finanzieller Überschuß mehr zu verzeichnen war. In diesem Fall bat man in Rottenburg um die Verwendung der Ballgebühren, die normalerweise dem Staat Österreich zugeflossen wären, für die Armenkasse.
Für das Jahr 1801 bewarben sich der Kronenwirt Albert Riedlinger und der Niedernauer Badwirt Camesaska wieder einmal beim »hochlöblichen Oberamt« um die »Begenöhmigung, diese hayrige Fasching etwelche Bälle auf dem hiesigen Rathhause abhalten zu dörfen«. Fünf Bälle genehmigte Bürgermeister Liebermann daraufhin, natürlich nach den bekannten Bedingungen: zwei Gulden pro Ball waren an die Stadt abzuführen. So geschah es auch im Jahr darauf unter der Regie Riedlingers und des Kaufmanns Bellino. 1803 war der Engelwirt Stanislaus Beck am Zuge. Bürgermeister Halder bewilligte fünf Bälle gegen eine Gebühr von vier Gulden. 1805 durfte Beck erneut zum einzigen Fasnetsvergnügen der Stadt trommeln, dieses Mal unter den kritischen Augen einer Militärwache der Blankensteinschen Husaren-Eskadron, die der Rittmeister Graf von Wieland befehligte. Daß gerade er es war, der für ein Skandälchen auf dem Ball sorgte, wird nicht wenige Bürger-Narren mit klammheimlicher Freude erfüllt haben. Als einer der Offiziere trotz absoluten Rauchverbots genüßlich Tabakwolken in die Luft blies, fiel dieses unschickliche Verhalten mit auf ihn als befehlshabende Aufsichtsperson zurück.

Seit dem Jahre 1806 werden die Nachrichten vom Fasnetstreiben wieder spärlicher. Gemäß den Bestimmungen des Preßburger Friedensvertrags wurde die Rottenburger Region aus dem österreichischen Staatsgebiet, das von jeher fastnächtlichen Traditionen stark verbunden war, entlassen und dem nüchternen und pragmatischen Königreich Württemberg eingegliedert. Die Umstellung schränkte die närrischen Veranstaltungen zunächst ein, doch auf die Dauer, wie bereits die Vergangenheit zeigte, war dem Mummenschanz kein Einhalt zu gebieten. Im Gegenteil, das Volksvergnügen wurde zunehmend auch in den gesellschaftlich höher gestellten Kreisen einer Teilnahme für würdig erachtet, wie es das Engagement des Grafen von Dillen beweist, der in der Fasnetszeit des Jahres 1828 seine doch nicht ganz so gute Erziehung vergaß[15]. Der Graf, der in Tübingen studierte, hatte am Fasnetsdienstag beim Tanz im »Kaiser« die Tochter eines Torwächters, Elisabeth Hofmeister, kennengelernt und ihr im Glanze seines adeligen Namens den Kopf verdreht. Dem naiven Geschöpf verging allerdings sehr rasch der Spaß am blaublütigen Narrentreiben, als der Jurist die Siebzehnjährige, nachdem er sie in sein Zimmer gelockt hatte, in schamloser Ausnützung seiner Pseudo-Autorität vergewaltigte. Wegen »Unzucht« mußte der Adelsprößling einen Monat in den Karzer, gleichzeitig wurde ihm nahegelegt, die Universität schleunigst zu verlassen. Die Tübinger Studenten waren wohl die ersten regelmäßig erscheinenden auswärtigen Gäste an der Rottenburger Fasnet, und man darf annehmen, daß es nicht nur Wüstlinge waren, die überall die Kunde vom närrischen Umtrieb in der Neckarstadt verbreiteten.

Lokale und Vereine als Träger der Fasnet

Das Geschehen verlagerte sich jetzt zunehmend mehr in die Gaststätten oder Vereinslokale. Gerade in dieser Zeit des Vormärz, d.h. in den Jahren vor der 48er Revolution – es herrschte Vereinigungsfreiheit – schossen Vereine, Gesellschaften und Verbände wie Pilze aus dem Boden, und da man sich mit dem engeren Kreis Gleichgesinnter identifizierte, wollte man natürlich auch die Fasnetfeiern unter sich verbringen. Zwar wurden auf dem Rathaus immer noch Fastnachtstänze abgehalten, doch war die Konkurrenz fortan behördlich geduldet, und sie verstärkte sich durch die Tätigkeit der neuen Vereine. Waren sie nun als Träger und Förderer des Fasnetsgeschehens anerkannt, so mußten sie sich wie die Rathausbewirtschafter den Vorschriften der Behörden fügen. Die Ballordnung war einzuhalten, und die gesetzliche Sportel (Vergnügungssteuer) wurde genauso wie von den kommerziell ausgerichteten Kollegen eingefordert. Eine Beschwerde der »Casino-Gesellschaft«, die der Entrichtung des Fasnet-Obolus dadurch entgehen wollte, daß sie sich als »häuslicher Privat-Circel« darstellte, wurde in einer grundsätzlichen Entscheidung der Königlich Württembergischen Regierung des Schwarzwald Kreises abgeschmettert[16]. Zumindest in ihrer Funktion als Narren waren behördlicherseits alle gleich angesehen.

Neben der »Casino-Gesellschaft« veranstaltete in den dreißiger Jahren der »Museumsverein« seinen eigenen Maskenball, während im Rathaus drei allgemein zugängliche Fastnachtstänze ausgeschrieben wurden. Im lokalen Intelligenzblatt der Stadt, dem »Neckar-Boten«, fanden sich schon eine Menge kleiner Ballanzeigen für die Rathaus- und Kneipenfasnet. So lud die Witwe Fischer ins »Waldhorn«, der Bierbrauer Hofmeister ins »Klösterle«, der »Traiteur« Reichle in die Gaststätte »Zur Klausen«, während mit folgendem Text ins Rathaus gelockt wurde: »Am Montag, 8. Februar, wird mit vorzüglicher Trompeter-Musik eines Reuter=Regiments in dem festlich dekorirten Saale des hiesigen Rathhauses ein Maskenball stattfinden. Für die Bewirthung der Theilnehmenden ist bereits so gesorgt, daß kein Wunsch unbefriedigt bleiben wird. Das Entrée für Herren ist 36 Kreuzer, für Damen 24 Kreuzer.«[17]

Nun ging es in Rottenburg eigentlich erst so richtig los. Die Organisation der tollen Tage war vorwiegend vom Einfallsreichtum und der Phantasie der Wirte und Vereinsvorstände abhängig und nicht mehr vom Wohlwollen der Behörden. Wurde einmal, wie am 20. Februar 1838 geschehen, die amtliche Bewilligung für den Rathausball zurückgenommen, wich man kurzerhand ins »Klösterle« aus. Wie ein solcher »Klösterle«-Maskenball verlief, findet man im Neckar-Boten vom 16. Februar 1841 unter den »Tages=Neuigkeiten« verzeichnet: »Der Maskenball im Klösterle, ein Gesellschafts=Ball für die Mitglieder und ihre eingeführten Gäste, wo nicht wie auf sogenannten Fasnachtstänzen rohe Narren-Freiheit gestattet, sondern Anstand und gegenseitige Achtung mit Recht gefordert wird, wurde durch Bewirthung, Musik und heiter=harmonische Unterhaltung geordnet (...). Ein Schneider auf seinem Leib=Pferde steigerte nicht nur durch seine Bocks=Sprünge, sondern durch seinen treffenden Witz die Gesellschaft zur Heiterkeit. Ein altdeutscher Ehrenfähndrich erschien als gutgewählte Charakter=Maske (...). Spanische, dänische und deutsche Bauren=Mädchen wetteiferten in ihrem Anzuge die Augen der Gesellschaft zu fesseln ... Spanier, Türken zeichneten sich in ihrer passenden Kleidung vorteilhaft aus. Wie staunte aber die heitere Gesellschaft, unerwartet etliche, schmutzig gekleidete Figuren ohne Visier, gleich Raupen unter Schmetterlingen! zu erblicken, die, höchstens in eine Fastnachts=Kneipe geeignet, sich dieser geschlossenen Gesellschaft kenntlich darstellten. Eine allgemeine Sensation machte doch so dringenden Eindruck in diese schmutzigen Figuren, daß sie sich bald retirirten und die Gesellschaft nach ihrer Entfernung in ungestörter Harmonie zur allgemeinen Zufriedenheit den gesellschaftlichen Maskenball heiter vollendete.«

Aha, kaum war die Fasnet ihrer behördlichen Fesseln ledig, da schaffte man Distanz durch Standesschranken. Der saturierte Bürger beging seinen Maskenball, die Armen und Elenden feierten den Fastnachtstanz in der Kneipe. Verirrte sich eine »Raupe« unter die »Schmetterlinge«, folgte die gesellschaftliche Ächtung auf dem Fuß. Wer überbot da wen an Narrheit? Offensichtlich wurde die Trennlinie zwischen dem Maskenball gesamteuropäischen Charakters und dem traditionellen lokalen Fastnachtstreiben sehr streng gezogen. Die eigene Volkskultur galt glattweg als unschicklich, gefragt war Maskenballimport aus den romanischen Ländern.

Zwar feierten Bauer, Bürger und Edelmann ihre Fasnet in verschiedener Weise, doch das Ergebnis war für alle stets das gleiche, wie das »Eingesendet« eines »Gewissen« in der Aschermittwochsausgabe des Neckar-Boten bezeugt:

»Geäschert hat man mir das Haupt,
doch ist mein Kopf noch schwer.
Und was mir heut' die Freude raubt:
›Mein Beutel ist ganz leer!‹
Mein Schätzchen nahm ich immer mit,
beim Tanzen hat man Durst,
der Wein und Punsch macht Appetit,
zu Schinken und zu Wurst.
Neun Wochen war die Fastnachtszeit,
und Bälle waren neun!
Da war ich leider stets bereit,
bei jedem Ball zu seyn.
Ein Schatz, Durst, Appetit und Tanz
im Wein- und Bierwirthshaus,
das leert den vollen Beutel ganz
am Aschermittwoch aus.
Die Fastnachtsküchle sind allein
der Lohn heut' für mein Geld;
drum ruft mein leeres Beutelein:
›Thu' Buß' auf dieser Welt!‹«[18]

Diese Worte eines offenbar unkonventionellen Narren, der sich in den Freudensphären aller Schichten und Stände herumtrieb, bestechen durch die Zeitlosigkeit ihrer Thematik. Kaum ein Rottenburger des 20. Jahrhunderts würde sich wundern, solche Verse in der Fasnetsausgabe der örtlichen Lokalzeitung zu finden.

In den vierziger Jahren des 19. Jahrhunderts häufen sich die Nachrichten über die Fasnet in der Neckarstadt. Auch Privatpersonen machten mit Hilfe von Zeitungsinseraten Stimmung: »Denjenigen, welche so gerne vor anderen Thüren kehren, und – in den letzten Dienstag hier maskiert gewesenen zwei Personen eine gewisse Dienstmagd suchen, diene hiermit zur Nachricht, daß sie sehr auf dem Holzwege seyen. Übrigens erlaubt sich Einsender die Bemerkung, daß das Maskiren nirgends verpönt seye, und daher auch in dem vorliegenden Falle nicht so viel Aufsehen erregt haben sollte.« Allenfalls Eingeweihte werden den Inhalt dieses wenig überzeugenden Dementis verstanden haben. Wehrte sich hier etwa ein unbescholtener Bürger gegen den Verdacht eines gehabten Liebesabenteuers, das, durch den Schutz der anonymen Maske begünstigt, nun doch nicht zu verheimlichen war? Auch die Techtelmechtler, Tändler und Poussierer des 20. Jahrhunderts tun sich in der kleinen Stadt, die allerorten große Ohren beherbergt, sehr schwer, wenn es gilt, Amouren und ähnliche »Geschichten« zu vertuschen.

Das Jahr 1844 bescherte den Rottenburgern eine größere Gemeinschaftsveranstaltung, und hier ist gewiß eine der frühesten Wurzeln für den großen Umzug zu finden. Für den Fastnachtsmontag war eine »Maskerade« auf dem Marktplatz angekündigt, die unter dem Motto: »Die Schlacht der Krähwinkler gegen die Ganslosen« rund 200 Aktive beschäftigte, die in einer neugegründeten »Masken=Gesellschaft« organisiert waren. Diese Veranstaltung war bereits auf eine breite Teilnahme der Rottenburger Einwohnerschaft gezielt, die in so großer Anzahl dann präsent war, daß gar ein öffentlicher Aufruf zur Zurückhaltung nötig wurde, »daß nicht durch Lärmen und Rohheiten gegen die Masken die Unterhaltung gestört ... und die martialischen Anreden verstanden werden«. Ein Maskenumzug durch die Stadt krönte das Spektakel, ein »Krähwinkler=Ball« im üppig dekorierten Saal des »Waldhorns«, »wozu Honoratioren und Bürger höflichst eingeladen werden«, beschloß diese erste große öffentliche Fastnachtsfeier im Jahr 1844[19].

Natürlich fanden auch andernorts wieder die exklusiven Maskenbälle der verschiedenen Gesellschaften statt, doch hatte man dort dazugelernt und sich gegen unliebsame Mitnarren dadurch abgeschottet, indem nur Gästen Zutritt gewährt wurde, die ein Billet der Vereinigung vorweisen konnten.

Im Jahre 1846 begnügte man sich mit einem Maskenausritt im kleineren Rahmen, und in den folgenden Jahren gingen die Mummereien im Freien wieder merklich zurück. Eine Straßenfasnet wird wohl stattgefunden haben, sie galt aber keinesfalls als »fein« und wird aus diesem Grund kaum einer Erwähnung für würdig erachtet worden sein. Weiter ging es aber mit Maskenbällen und Unterhaltungsabenden im gewohnten Rahmen. Die Rottenburger trieben es mit der Festerei schließlich so weit, daß der Gemeinderat beschloß, Tanzveranstaltungen statt Sonntag, Montag und Dienstag künftig nur noch am Rosenmontag zu erlauben[20]. Die »Casino=Gesellschaft« bevorzugte das »Waldhorn« als Narrhalla. Der »Liederkranz« lud seit 1852 zum Faschingsball in den »Römischen Kaiser«, wo auch die gutbürgerliche »Museumsgesellschaft« ihren kunst- und kulturbeflissenen Mitgliedern das Tragen des Narrengewandes gestattete[21].

»Betuchte« Narren konnten es sich erlauben, »Masken= Gesichter«, das Stück zu sechs, neun und zwölf Kreuzer bei Carl Sautermeister zu erstehen oder gar »Maskenanzüge« aus Samt und Seide, wie sie Constantin Storz offerierte[22]. Gemächlich entwickelte sich die Fasnet zu einem ernstzunehmenden wirtschaftlichen Faktor, die Zahl der Bürger wuchs, die während der alljährlich stattfindenden tollen Tage aktiv ins Geschehen eingreifen wollten.

»Fastnachts-Comités« in den Gründerjahren des Deutschen Reiches

Während in den fünfziger und sechziger Jahren mit Ausnahme der erwähnten Vereins- und Wirtshausinitiativen die Narretei eher zurückhaltend betrieben wurde, bescherten die siebziger und achtziger Jahre der Bevölkerung in und um Rottenburg etwa alle vier Jahre größere Aufführungen und Umzüge, denen jeweils ein Motto zugrunde lag, z.B. »Die vier Jahreszeiten« oder das »Internationale Sängerfest«, das 1881 ganze Heerscharen von Neugierigen herbeilockte. Die Königliche Bahnhofverwaltung Tübingen hatte, wie der Neckar-Bote lobend erwähnte, »in liberaler Weise« einen Sonderzug bereitgestellt – so, wie es auch heute noch der Fall ist. Vom großen Besucherandrang berichtet der Rottenburger Orgelbauer Engelfried in seinem Tagebuch: »Eine unermeßliche Zahl von Schaulustigen aus den umliegenden Städten und Ortschaften hatte sich eingefunden und man hörte nur Worte höchster Befriedigung und Anerkennung. Wie groß die Zahl der Besucher gewesen ist – nur von Reutlingen, Tübingen und Umgebung – mag daraus hervorgehen, daß auf der Station Tübingen die Fahrkarten hieher ausgingen, und zur Rückfahrt alles Fahrmaterial – außer den Personenwagen – sogar Vieh- und offene Wagen benützt werden mußten.«

500 aktive Teilnehmer trugen zum guten Gelingen des »Sängerfestes« bei. Kostümierte Gruppen zogen zu Fuß oder mit Pferd und Wagen durch die Innenstadt und präsentierten sich stolz der applaudierenden Menge. Nach dem Absingen der Festkantate und nach dem Verlesen der Festrede traten die einzelnen närrischen Abordnungen zum Sängerwettstreit an. Die »Engländer« kamen zu Schiff auf den Marktplatz, die »Römer« schleppten einen Obelisken mit sich, »Apollo«, Gott des Gesangs, sonnte sich im zarten Glanze seiner neun Musen, »Zulukaffern«, »Pariser Schneidergesangverein«, »Tiroler«, »Krähwinkler« und »Schwaben« krächzten, schmetterten, juchzten

und trällerten nach Kräften, um die beste »Figur« zu machen. Für die musikalische Begleitung sorgten der Spielmannszug der Bürgerwache in Landsknechtsmontur und die Feuerwehrkapelle in Husarenuniform. Als Sieger im Wettsingen gingen die schwarzwilden »Zulukaffern« hervor, die eine große goldene Medaille nebst Würsten und Brezeln ergatterten. Den zweiten Platz belegte der »Pariser Schneidergesangverein«, dessen ellenlange Zylinderhüte unübersehbar aus der Menge herausstachen. Das lebende »Kitzlein« wird als ausgesetzter zweiter Preis wohl kaum noch die kommende Woche erlebt haben. Vögel in Käfigen, lebende Hasen, Bierfäßchen, Weinflaschen und Würste waren weitere begehrte Preise. Die Organisation dieser Veranstaltung oblag einem sporadisch zusammentretenden »Fastnachts- oder Carnevals-Comité«, bestehend aus Mitgliedern der hiesigen Vereine.

Am 17. Februar hatte das »Carneval-Comité« zu einer letzten Zusammenkunft vor dem Sänger-Ereignis aufgerufen, was sich im Neckar-Boten, in holpriger Versform, so las:

> »Hoch leb' dies Jahr der Carneval,
> drum einigt Euch hier überall.
> Wer sich zur edlen Zunft bekennt,
> Französisch ›Maitre Tailleur‹ nennt.
> Wer etwas weiß von diesem Land,
> ›Krähwinkel‹ überall bekannt,
> der komm mit Witz und gut Humor,
> sorg' auch für etwas l'argent vor,
> und melde sich in dieser Woch',
> 65 parterre, drei Treppen hoch,
> und beim Carnevals-Comité,
> Silcherweg – bei unserem Zuckerle.«

Im Jahre 1884 bereiteten die Narren erneut ein größeres Spektakel vor. Das Comité lud ein zum »Rottenburger Weltcongreß«, ganz offensichtlich in ideeller Anlehnung an den »Berliner Kongreß« des Jahres 1878, der Deutschlands Großmachtsplätzchen im Konzert der europäischen Mächte zementiert hatte. Halbseitige Anzeigen im Nekkar-Boten machten auf das kommende Ereignis aufmerksam, am 10. Februar fand die Plenarversammlung aller »verehrlichen Mitglieder der Faschingsgesellschaft« im »Rößle« statt:

»Kommt doch in großer Zahl herbei
In Rößlesaal, zu der Manzei!«

Neben organisatorischen Absprachen sorgten einzelne Redner bereits für »Zwerchfellerschütterungen«, die als Universalmittel gegen Geldbeutelauszehrung und Zipperlein gepriesen wurden. Die Lokale schlossen sich dem Motto an und luden beispielsweise als chinesische Gesandtschaft in den Katzschen »Ritter« oder ins »Waldhorn«.

Die Vorbereitungen zum großen Ereignis arteten allmählich in harte Arbeit aus, so daß sich die Mitglieder des Comités die Aufgaben teilen mußten: Die Gruppe um den Prinzen Carneval leitete der Färber Edelmann; »Rußland« unterstand dem Sattler Schnell; Kaufmann Ruckgaber kümmerte sich um die Repräsentanten aus »Tirol«, der »Schweiz«, »Schwaben« (Steinlach) und dem »Elsaß«; um »Italien« und »Frankreich« sorgte sich Ferdinand Entreß; die »Balkanesen« leitete Schreiner Walker, die »Hindus« Altgeselle Danner. »Marokko« und »Aegypten« waren dem Bildhauer Heck und Schneidermeister Steiner unterstellt, während Kaminkehrer Stehle und Flaschner Storz den südamerikanischen Raum betreuten. Partikulier Ritter stand dem »Diplomatischen Chor« vor, der Maler Dehner managte die offenbar selbständig auftretende Damenriege. Stolz verkündeten alle diese im Neckar-Boten:

»Da der diesjährige Fastnachtszug weit großartiger und interessanter wird als der letzte und schon weit über die Grenzen unseres Oberamts der Ruf erschallt: ›Auf nach Rottenburg!‹, so wird sich das Comité angelegen sein lassen, das ebenso interessante als belehrende Programm correct und in schönster Ordnung und Harmonie durchzuführen. Deßhalb ist auch die Beteiligung dießmal eine viel regere, da die Aufführung eine sehr anständige ist; allein die Kosten für architektonische Dekoration der vielen Wagen, Aufschlagen der Tribünen, Standarten etc. sind auch dießmal bedeutendere. Es werden deßhalb auch dieses Jahr edle Fastnachtsfreunde, besonders Geschäftsleute, die aus dem Andrange der Fremden Nutzen ziehen, ersucht, auch dieses Jahr wieder ihr Scherflein, wenn auch nur in kleinen Geldspenden, beizutragen.«

Ähnlich wie heute lag die närrische Organisation vorwiegend in Händen des gewerbetreibenden Mittelstands, der über das notwendige und preiswerte »Know-how« und die erforderlichen städtischen Beziehungen verfügte, um eine solche Großveranstaltung durchführen zu können. Grundlage für das Engagement war auch hier eine gute Portion Idealismus, ohne die die Fasnet undenkbar wäre. Wenige Tage später wurde – wieder per Inserat – die Umzugsfolge beim »Weltcongreß« bekanntgegeben: »Prinz Carneval mit Suite beim ›Ochsen‹, Landsknechte und Musik bei Herrn Bäcker Norz. Gegen die Seebronner Straße zu . . ., Wagen der ›Europa‹ mit europäischen Trachten, Wagen der ›Asia‹. . ., ›Afrika‹, Laufgruppen der Nationalitäten.« Auch an den Nachwuchs hatte man damals schon gedacht: »Wagenladung internationaler Narrensamen steht im Weggentalweg.« Eine Teilnahme am Zug kostete 30 Pfennig – dafür erhielt man ein Maskenzeichen und die Berechtigung zum Besuch der Abendunterhaltungen. Was heute weithin als Narrenmarsch bekannt ist, hieß damals Festhymne:

»Glück auf zum Narrenleben
Glück auf zum Carneval,
es ist dir treu ergeben,
der Narren große Zahl«,

usw. Der Refrain lautete:

»Ja, närrisch muß man werden,
dann ist es gut bestellt:
Die Narrheit ist's auf Erden,
der's wohl auf ihr gefällt!«

Rottenburger Fasnet im 19. Jahrhundert: Die Vereine und die Wirte der Stadt lockten mit Annoncen im Neckar-Boten in ihre närrisch ausgeschmückten Tanzstuben.

Rottenburg.

Am nächsten Sonntag den 26. d. M.

Ball

im Gasthof zum Anker, wozu höflichst einladet   X. Rufgaber.

☞ Anfang Abends 7 Uhr.

Entrée: die Herrn 12 fr.

1854

Ballordnung
auf den
Fasching des Jahrs
1797
Welche auf allerhöchsten Befehl durch die Kaiserl. Königl. V. Oestr. Regierung, und Kammer zu jedermanns Wissenschaft, und Nachachtung kundgemacht wird.

1797

Rottenburg a. N.

Programm.

Fastnachtmontag den 12. d. M., Mittags 12 Uhr, verkünden 50 Böllerschüsse, daß die Stunde zur Verpflichtung sämmtlicher Narren hiesiger Stadt herangerückt sei, und haben sich um diese Zeit Benannte bei der **Katz**'schen Brauerei zu versammeln.

Punkt 1 Minute vor. ¾ auf 1 Uhr beginnt der Festzug durch unsere Stadt, sodann auf dem Marktplatz, wo ein großes Scheibenschießen von geladenen Gästen mit ungeladenen Gewehren stattfinden wird.

Ehrenpreis: ein in Eisen gebundener silberner Becher aus Leder.

Hernach großes Zechgelage, bei welchem 150 Eimer Bier aus dem Hofbräu unseres hohen Gambrinus verabreicht werden. Ebenfalls läßt auch G. Bachus 80 Eimer 46er auf dem Marktplatz ergießen. Gläser und Essen sind mitzubringen; trinken darf, wer will.

Abends 7 Uhr großer Hofball sämmtlicher Narren in den Räumen des großen Kaisersaals.

Das Narren-Comité.

Rottenburg.
Einladung.

Sämmtliche Mitwirkenden bei den **4 Jahreszeiten** werden anmit auf **Sonntag** Nachmittag 3 Uhr in **Hirsch** zur letzten Besprechung eingeladen.

Das Narren-Comité.

1877

Rottenburg.
Liederkranz.

Die *Tanzunterhaltung* des Liederkranzes findet statt am **Donnerstag** den 24. d. M. im **Gasthof z. Kaiser.**

Beginn: Abends 7 Uhr.

Die verehrl. Mitglieder werden hiezu freundl. eingeladen mit dem Bemerken, daß jedes Mitglied berechtigt ist, **eine fremde Person einzuführen**, welche dem Vorstande vorzustellen ist. Hiesige Nichtmitglieder oder deren Angehörige können nicht eingeführt werden.

Der Ausschuss.

Rottenburg.
Internationales Sängerfest.

Die geehrten Mitglieder des weltberühmten „**Pariser Schneider-Gesang-Vereins**", sowie die der **pudelnärrischen Krähwinkler** haben sich heute Abend 8 Uhr bei **Herrn Katz**, Bierbrauer, zu Einübung des Gesangs und Mimik in corpore zahlreich einzufinden.

Das Comité obiger 2 Vereine.

1881

Rottenburg.
Carneval. Weltcongreß.

Sonntag den 10. d. ist große **Haupt- und Plenarversammlung** aller verehrl. Mitglieder der Faschingsgesellschaft „**Weltcongreß**" Nachmittags 3½ Uhr im Gasthof zum **Rößle** allhier. Mehrere **ältere**, wie jüngere Professoren und Künstler von der akademischen Fakultät „**Narrhalla**" und Westmünster werden sehr interessante Vorträge halten über Aesthetik, Naturalverpflegung, auch über das Kapitel „O Herr, sieh dein Volk an!" Diese Reden bieten dem pudelnärrischen Publikum viel Stoff zur inneren Zwerchfellerschütterung und sind ein Universalmittel gegen Zipperle und Auszehrung im Geldbeutel. Namentlich ist der Paragraph 1 sehr ansprechend, da viel und stark in Mehl- und Fleischspeisen, sowie in Dezimal-Literglässern behandelt wird. — Anzug: bei kaltem Wetter „Ueberzieher, oder Flanellhemd", bei Regen „Parapluie". — Der Saal ist mit **Brennmaterial** geheizt. — Volles Haus wird erwartet. „**Damen** sind frei — wenn kein Ehehinderniß obwaltet!" —

Kommt doch in großer Zahl herbei
In Rößlessaal, zu der **Manzei**!

Das Fastnachtscomité.

NB. Nachschrift! Nachdem in diesem Jahr der große Komet an Himmel kommt und der Andrang zu der weltberühmten „elektro-magnetisch-hydraulisch-physikalischen siebenröhrigen" Singher-Sprechmaschine in allerfernster Aussicht zu stark werden thun könnte, so ist Sprechstunde „**für Europa**" von Morgens 8 Uhr bis zum Mittagessen, „**für Außereuropa**" von Nachmittags 2 Uhr bis zum Abendvesper, „**für lebende Sprachen**" von der Abenddämmerung bis zur tiefsten Mitternachtsstunde aber Sprechstunde „**für todte Sprache**". Entrée ist liber. — Der Eintritt in dem bekannten Sprechlokal, Hausnummer 00 vis-à-vis dem Eingang, parterre zur ebenen Erde!

Telegramm.

Hongkong, den 9. Huius.

Heute Abend zwischen Dämmerung*) wird der weltberühmte chinesische Afrika-Reisende **Tsohi Tsoha Thong** ganz im stillsten Conido mit Präparat-Zug von Constantinopel über Madagaskar hier eintreffen und im Gasthof zum Ritter (Katz) Absteigequartier nehmen, um mit seinen deutsch-chinesischen Brüdern hier die Friedenspfeife zu rauchen und ein Quantum Katz'sches Doppel-Bier nebst gehöriger Beilage zu sich zu nehmen.

Zu würdigem Empfang des hohen Abgesandten des himmlischen Reiches wird vollzähliges Erscheinen sämmtlicher Deutsch-Chinesen erwartet.

Thing-Thong.

*) Nach Stuttgarter Zeit Abends 8 Uhr. (Anm. d. E.)

1884

Insgesamt waren einige hundert Aktive beteiligt, die der Kongreßeröffnung auf dem Marktplatz beiwohnten. Alle fremden Gesandten (heute würde man sie »Gruppenführer« nennen) wandten sich in ihrer Landessprache, oder was man dafür hielt, an das amüsierte Publikum. Ein Dolmetscher übersetzte die jeweiligen Wünsche der Kongreßteilnehmer, die sich, ganz im Sinne der Zeit des erwachenden Kolonialismus, hauptsächlich um Gebietserwerbungen drehten.

Der »Weltcongreß« in Rottenburg anno 1884 wurde im ganzen ein solch glänzender Erfolg, daß, wie A. Buhl in der Rottenburger Zeitung vom 26. Februar 1938 schreiben konnte, die Älteren bei der Erinnerung daran noch heute ins Schwärmen gerieten. Für lange Zeit galt dieses Spektakel als karnevalistischer Höhepunkt par excellence. Schlechte Hopfenjahre in den folgenden Jahren vergällten den Rottenburgern ihr jährliches Vergnügen. Wieder einmal zogen sich die Narren von der Straße zurück und feierten ihre Bälle beim Manz im »Rößle« oder in ihren Vereinen. Um die Jahrhundertwende prägen »Turnerbund«, »Liederkranz« usw. das Gesicht des Carneval, wie man die Fasnet damals in Anlehnung an rheinische Gepflogenheiten zu nennen beliebte. Dabei war es durchaus nicht immer so, daß jeder sein »Süppchen« für sich kochen wollte. Das Jahr 1903 bescherte den Bürgern der Stadt eine Fastnachtsgemeinschaftsveranstaltung des »Museums«, des »Lesevereins« und des »Liederkranzes« in der neuerrichteten Turn- und Festhalle. Am 18. Februar gab das Stadtschultheißenamt dem Ersuchen der drei Vereine unter drei Bedingungen statt:

»1. Die nachgesuchte Tanzerlaubnis bis nachts drei Uhr unter Ansatz einer Sportel von zehn Mark zu erteilen;

2. Leute unter sechszehn Jahren von der Beteiligung auszuschließen;

3. den Polizeiorganen behufs Ausübung der Controlle Kenntniß zu geben.«[23]

Damit war das Rathaus endgültig von den tanzwütigen »Bogges« befreit; von jetzt an fanden die zentralen Feste in der Turnhalle statt, was andere Vereine jedoch nicht hinderte, weiterhin im »Waldhorn« oder im »Römischen Kaiser« in ihre Narrentasche zu wirtschaften.

Seit 1900: Turn- und Festhallenfasnet

Die Fasnet erwarb sich mehr und mehr einen vereinsspezifischen Charakter. Es feierten: Der »Radfahrerverein« mit Tanz und »komischen Radfahrten«; die Feuerwehr mit »humoristischen Auf- und Abführungen«; der »Zither-Club«, der den »Römischen Kaiser« in ein Alpendorf mit Schuhplattlern und Touristen verwandelte und als besondere Gaudi »Berg- und Thalfahrten« offerierte; die »Bürgerwache«, die im »Goldenen Ochsen« »komische Szenen aus dem militärischen Leben« aufführte. Maskenabzeichen waren für alle Mitwirkenden zwingend vorgeschrieben, Nichtmitglieder erhielten zuweilen Zugangsberechtigung mittels Einladungskarten. Erst dann war man berechtigt, 35 Pfennig Eintritt am Saaleingang zu entrichten. Was mit dem geschah, der in den Kreis der Gleichgesinnten aufgenommen war, zeigt die Annonce der »Turngemeinde Rottenburg« in der Rottenburger Zeitung vom 22. Februar 1906, die – signum temporis – vor selbstauferlegten disziplinarischen Vorkehrungen und Maßnahmen nur so strotzt. Rein inhaltlich war eine »Fastnachts-Unterhaltung«, verbunden mit »turnerischen und theatralischen Aufführungen« in der Festhalle angesagt. Wer heute die Anzeige liest, kann sich dem Eindruck nicht verschließen, daß das Fest auf einem der berühmt-berüchtigten preußischen Kasernenhöfe stattgefunden habe. Die Kassenöffnung war auf 19 Uhr angesetzt, der Anfang »präzis« auf 19.30 Uhr. Nur »anständige« Masken waren erwünscht, Maskenabzeichen *mußten* getragen werden, Zu-

Um die Jahrhundertwende hatten sich die Rottenburger Vereine als Träger und Ausrichter der Fasnet etabliert. Beliebte Narrentreffs waren der »Römische Kaiser« und die neuerrichtete Turn- und Festhalle.

Zitherklub Rottenburg.

Samstag den 6. im Narrenmonat 1904, von abends 7½ Uhr ab, im Gasthof z. „röm. Kaiser"

großer Maskenball.

Tiroler Leben und Treiben auf der Alm und im Thal mit wirkungsvoller Scenerie. Auftreten berühmter Zillerthalsänger. Zupfgeigen-Virtuosen und Schuhplattler; Bergfeeen. Auf- und Abepurtzler ꝛc. ꝛc.

Neu!! Berg- und Thalfahrten **Neu!!**

mit patentierten, großartige Aussicht bietenden gepolsterten Plattformwagen. Extrafahrten ohne Entgleisungsgefahr! zum Sonnenaufgang und Alpenglüh'n! Maskenabzeichen müssen angelegt werden und sind am Saaleingang zu haben.

Saalöffnung 7 Uhr.

Eintritt nur gegen Vorzeigen der Karte möglich. Strenge Kontrolle!

Der Ausschuss.

1904

Turner-Bund Rottenburg.

Am Samstag den 16. Februar, abends 7 Uhr, findet im Gasthof zum „röm. Kaiser" unser

Fastnachts-Ball

mit turnerischen und komischen Aufführungen statt, wozu die verehrl. aktiven und passiven Mitglieder geziemendst eingeladen werden.

Vorübergehende Ortsanwesende können eingeführt, müssen aber dem Vorstand vorgestellt werden.

Maskenabzeichen, welche getragen werden müssen, sind am Eingang des Saales erhältlich.

Der Turnrat.

1901

Turngemeinde Rottenburg.

Fastnachts-Unterhaltung

verbunden mit turnerischen und theatralischen Aufführungen sowie Tanz-Unterhaltung

am Samstag den 24. Februar in der Turnhalle.

Hiezu werden unsere verehrl. aktiven, passiven und Ehrenmitglieder mit Familienangehörigen geziemendst eingeladen.

Kassen-Oeffnung halb 7 Uhr, Anfang präzis halb 8 Uhr.

Anständige Masken sind zahlreich erwünscht.

Maskenabzeichen müssen getragen werden und sind solche am Saaleingang erhältlich.

Junge Leute unter 16 Jahren haben keinen Zutritt.

Narrenzeitungen und Programm sind à 20 Pfg. abends am Eingang erhältlich, von Sonntag ab bei Kassier Theodor Schnell, Feilenhauer.

Den vom Verein aufgestellten Ordnern ist bei Gefahr der Ausweisung unweigerlich Folge zu leisten.

Es wird strenge Kontrolle geübt.

Im übrigen wird im Interesse der Einhaltung der Ordnung um Beachtung des Nachstehenden dringend gebeten:

1. Ohne Karte hat Niemand Zutritt.
2. Mitglieder erhalten je eine blaue Karte für den eigenen Gebrauch, sowie 2 gelbe behufs Einführens **nur von Damen.** Das Weitergeben der nummerierten Mitglied-Eintrittskarten an Nichtmitglieder ist verboten. Zuwiderhandlungen haben den Ausschluß von der Veranstaltung sowohl des betreffenden Mitgliedes als des augenblicklichen Besitzers der Karte zur Folge.
3. Einige seitens des Vereins belegte mit Plakaten bezeichnete Plätze auf der Galerie dürfen nicht besetzt werden.

Das Einführen männlicher Erwachsener, welche Mitglieder sein könnten, sowie das Werfen von Knallerbsen und sonstiger durch Muppen verursachter Unfug ist unter allen Umständen verboten.

Der Ausschuss der Turngemeinde.

NB. Die Halle wird präzis halb 7 Uhr geöffnet; früher Erscheinende bleiben ohne Rücksicht den Unbilden der Witterung ausgesetzt.

1906

Bürgerwache Rottenburg.

Die Bürgerwache Rottenburg veranstaltet am kommenden Sonntag, abends von 7 Uhr an, im Saale z. gold. Ochsen eine

Fastnachtsunterhaltung,

wozu sämtliche Mitglieder und Hrn. Ehrenmitglieder mit ihren Familienangehörigen höflichst eingeladen sind.

Der Ausschuß.

1904

MUSEUM ROTTENBURG.

Am Mittwoch den 10. Febr. findet im röm. Kaiser der

Fastnachtsball

verbunden mit Theater und komischen Aufführungen statt.

Beginn des Theaters präcis ½8 Uhr.

Maskenabzeichen am Saaleingang erhältlich.

Bezüglich der Einführung wird ausdrücklich auf § 25 Abs. 2 der Statuten verwiesen.

Donnerstag den 11. Febr., nachm., Ausflug nach Niedernau, Abfahrt 2.08 Uhr.

Der Ausschuß.

1904

tritt nur über 16 Jahre, den Ordnern war »bei Gefahr der Ausweisung unweigerlich Folge zu leisten«. »Es wird strenge Kontrolle geübt«, bellte es aus der Ballordnung, ferner:
»1. Ohne Karte hat Niemand Zutritt.
2. Mitglieder erhalten je eine blaue Karte für den eigenen Gebrauch, sowie zwei gelbe behufs Einführens *nur* von *Damen*.
3. Das Weitergeben der nummerierten Mitglied=Eintrittskarten an Nichtmitglieder ist verboten. Zuwiderhandlungen haben den Ausschluß von der Veranstaltung sowohl des betreffenden Mitglieds als des augenblicklichen Besitzers der Karte zur Folge.
4. Einige seitens des Vereins belegte, mit Plakaten bezeichnete Plätze auf der Galerie dürfen nicht belegt werden.
Das Einführen männlicher Erwachsener, welche Mitglieder sein könnten, sowie das Werfen von Knallerbsen und sonstiger durch Huppen verursachter Unfug ist unter allen Umständen verboten!

Der Ausschuß der Turngemeinde
N.B. Die Halle wird präzis halb 7 Uhr geöffnet; früher Erscheinende bleiben ohne Rücksicht den Unbilden der Witterung ausgesetzt.«

Als Aneinanderreihung von Reglements präsentierte sich die Fasnet in wilhelminischer Zeit: Der Untertan im Narrenkostüm preußisch-deutschen Zuschnitts, während der echte Narr wohl kaum Gelegenheit erhalten haben wird, sein wahres Gesicht zu zeigen.

Wie nun im einzelnen eine solche Vereins-Fastnachtsunterhaltung über die Bühne ging, davon berichtet die Rottenburger Zeitung vom 28. Januar 1907 am Beispiel des »Radfahrer=Vereins«. Zunächst zog Prinz Carneval auf einem hohen Thron in den Saal ein und begrüßte »in launiger Ansprache« seine Gäste, die alle kostümiert waren. Vermöge einer handschriftlich erhaltenen Thronrede des Prinzen Karl Brenner aus dem Jahre 1909 läßt sich eine solche Ansprache in ihren Grundzügen beschreiben: »Wir grüßen Euch in unserer unfehlbaren Narrheit und hoffen, daß Ihr in angestammter Treue zur Possenreißerei gelaunt, zur Dummheit aufgelegt (...) Seid mir deßhalb alle herzlich willkommen, gebt Euch also zügelloser Heiterkeit hin, seid lustig und froh, bis Euch das Zwerchfell vor Lachen platzt (...) In unserem Reiche aber soll es heißen: Freiheit und Gleichheit und Brüderlichkeit; mein Reich ist ein Reich der Lustigkeit, in meinem Reiche bezahlt man keine Steuern, existiert keine Schwiegermutter, kein Gerichtsvollzieher (...)

Drum tummelt Euch recht närrisch um
und saust als Narr im Saal herum.
Denn Narren sind wir allzumal,
er lebe hoch, Prinz Carneval!
Seine Majestät, Prinz Carneval lebe hoch!!«

Zurück zum »Radfahrer-Verein« im Jahre 1907. Es folgten Darbietungen von Radlern in allen Variationen, bis hin zum komischen Duett »Bauer und Photograph«, das die Herren Klöß und Kriegbaum auf ihren Drahteseln vorführten. Sodann durfte bis in den Morgen getanzt werden.

Eines ging klar hervor:
Diese Veranstaltungen dienten vorwiegend der Selbstdarstellung der Vereine und der Mitgliederwerbung. Von einem historisch gewachsenen Fasnetsbewußtsein und einer daraus resultierenden, kontinuierlichen Brauchtumspflege konnte keine Rede sein. Man feierte Fasnet, weil es eben Zeit dazu war, weil auf dem Kalender »Fastnachtsdienstag« stand. Es gab keine bestimmten Kostümvorschriften, jeder erschien so, wie es ihm zumute war. Ahlande, Laufnarren und Hexen als typische Figuren, wie sie uns heute wohlvertraut sind, schlummerten noch als Idee in den Genen jener, die sich erst Ende der zwanziger Jahre zur Narrenzunft zusammenschließen sollten. Doch vorerst setzten weiterhin die Vereine die Akzente. Noch vor dem Ersten Weltkrieg taten sich fünf Rottenburger Vereine zusammen und organisierten einen prächtigen »Carneval 1911«, in dem sie die Stadt zum weltläufigen Kurbad erklären ließen[24]. Das offizielle Festplakat, von dem Rot-

In den dreißiger Jahren hatte in Rottenburg Prinz Karneval noch das Sagen. Links, hoch zu Roß, Stefan Vollmer, rechts Elferrat Paul Schindler.

Das närrische Führungstrio im Jahr 1950: Präsident Viktor Stemmler, Gräfin Marie Nesch, Prinz Walter Held.

Skeptisch, kritisch, herausfordernd: Eugen Schiebel, Hofnarr in den Fünfzigern.

Die Dekoration der Festhalle als »Kurstadt Rottenburg« im Jahre 1911 spiegelt das künstlerische Stilempfinden der Zeit wider. Kunstmaler Reitze gestaltete den Saal und das offizielle Festplakat im reinsten Jugendstil.

tenburger Künstler Reitze in klassischem Jugendstil entworfen, weist die Kurstadt Rottenburg als »ozonreiche Gegend« aus, in der 72 000 Einwohner leben, von denen 17½ Millionäre sind. In großer Aufmachung erhebt sich die Festhalle als Kurzentrum. Der Saal geht über in den Kurpark mit Springbrunnen. Dahinter prunkt die festlich beleuchtete Fassade des großen Kurhauses. Links und rechts unter der Balustrade bietet der Vergnügungspark allerlei Kurzweil in Form von Verkaufsständen, lauschigen Plätzchen und idyllischen Ecken. Was sich auf der Kurpromenade so alles traf, nannte die Rottenburger Zeitung in einem Artikel vom 23. Februar 1911: »Touristen«, »Stutzer«, »Professoren«, »reizende alte Schachteln« und eine Menge Ausländer, »Griechen«, »Türken«, »Spanier«, »Engländer«, selbst »Japaner« gaben sich die närrische Ehre. In einem witzigen »Prolog« erinnerte der »Kurdirektor« an die Tradition des Bäderwesens im Blick auf die römische Bäderstadt Sumelocenna, die würdige Vorgängerin, und erklärte, daß es nun an der Zeit sei, mit Hilfe der Bürgerwache beim Deutschen Reichstag nachdrücklich um Gelder zu »bitten«, denn einige wichtige Dinge fehlten noch in Rottenburg: »Wir möchten auch Naturtheater, es kommt, geduldet euch auf später. Zuerst muß sein der Luftschiffpark, ein Zeppelin, 's ist nicht zu stark, dazu kommt eine Schwebebahn, nach Dettingen die Schmalspurbahn.« Auf den Prolog folgte eine Polonaise unter Mitwirkung von 200 Paaren, dann ging das bunte Treiben los. Eine Rutschbahn von der Galerie zum Parkett erfreute sich großer Beachtung, der Leierkastenmann daneben nicht minder. Eine Sektbar und eine Kneipe »Zum schwarzen Walfisch« boten Getränke aller Art, und der Besenwirt »Fernäze« Kohler, ein bekanntes Rottenburger Original, bot »Bautzenwein« und Schwarzwürste. »Ungarische Zigeuner« spielten feurige Pußta-Musik, dazwischen wurden Sketche aufgeführt, eine »Riesendame Elektra« posierte stolz vor aller Augen, und ein »Musik= und Gesangsautomat« gab gegen ein Nickelstück Proben seines Könnens. Als Verantwortliche für das »wohlgelungene Fest« zeichneten der Oberjustizrat Jehle und der Bahnhofsverwalter Mönch, ein Altmeister Dehner und der Ingenieur Osterwald vom Kiebinger Elektrizitätswerk, der für das Gleißen der vielen hundert Glühbirnen im Saal gesorgt hatte. Der »Fernäze« beschrieb das ganze aus seiner Sicht:

»O Rautaburg, Heimatnest, g'fällst uns auf's allerbest,
bei keiner Sail, nirgends mai, ka's so schö sei.
Drom gend mir au net fort, von dem famosen Ort
Und drom bleibet mir ewig bei dir.
Blüh' stets als Kurplatz du, all' Johr nimm no meh' zu,
daß ma bis ans Weltenend, Rautaburg kennt.«

Im gleichen Maße, wie es in den Vereinslokalen zur Fasnetszeit tobte, verlief die Straßenfasnet entgegengesetzt, wie die Zeitung berichtet, »in gewohnt ruhiger Weise«. Einzelne Masken wagten sich nach draußen und wurden vor allem von den Kindern der Stadt mit großem Geschrei begleitet. Volksaufläufe und spontane närrische Aktionen galten auch im wilhelminischen Deutschland als untragbar, widersprachen doch solche Bewegungen, die ihre Impulse oft aus dem Gegensatz zu den etablierten Institutionen erhielten, den allgemeinen Vorstellungen von Staatsräson, Behördenloyalität, Sitte und Anstand.

1913 feierte die »Turngemeinde« ihr eigenes Festchen unter dem Motto: »Vieh- und Krämermarkt in Zipfelhausen«. Aus dem erfolgreichen Zusammenspiel des Jahres 1911 wagte niemand die chancenreichen Konsequenzen zu ziehen. Man feierte halt lieber gegeneinander als miteinander, Vereinsdisziplin und kleinliche »Ehrakäsigkeit« gingen vor solidarischem Handeln unter einem Narrenhut. Es feierten für sich: »Museum«, »Stenographenverein«, »Turnerbund«, »Radfahrerverein«, »Kraftsportverein ›Germania‹« und der »Militärverein«. Die Fasnet war ihnen nur *ein* Fest von vielen im Vereinsjahr. Noch fehlte das allgemeinverbindende närrische Bewußtsein, das sich seiner Wurzeln und seiner Bedeutung im »wirklicha Läba« entsann. Noch einmal, 1914, lud die »Turngemeinde«, die immer die aufwendigsten Feste abzuhalten pflegte, in die

Narrhalla. Gefeiert wurde die »Schwäbische Bauernhochzeit in Troddelburg«, mit buntem Programm und rustikalem Putz. Die Politik war kein Thema, darum kümmerten sich andere, und die wurden jetzt aktiv.

Der Erste Weltkrieg und die Folgen

Von heute auf morgen ging's nicht mehr »dagega«, sondern rein »um's Läba«. Die Schüsse von Sarajewo machten nicht nur Österreichs Hoffnung, dem Erzherzog Ferdinand, den Garaus, sondern auch dem Treiben der Rottenburger Vereinsnarren. Am 16. Februar 1915 vermeldete die Rottenburger Zeitung wehmütig: »Heute ist Fastnachtsdienstag. Wer hätte für seine Freuden heuer auch nur das Geringste übrig? Man sieht, es geht auch ohne den Vergnügungsstrudel anderer Jahre. Etwas anderes als der Krieg hätte ihn allerdings nicht gebannt.« Wohl wahr! Unter den wachen Augen der allseits praktizierten Militärzensur erinnerte die Rottenburger Zeitung am 20. Februar des Jahres 1917 an die mittlerweile schon fast vergessenen Freuden vergangener Zeiten:

»Heute ist Fastnachtsdienstag! Wer denkt daran? Wenige bedauern, daß es schon im dritten Jahr so ruhig ist und daß nicht eine Festerei die andere im Vergnügstrubel jagt. Welche Unsumme undankbarer Arbeit oblag den ganzen Nachwinter jeweils den Vereinen, um ihren Mitgliedern von Samstag zu Samstag Neues zu bieten? An allem war man herumgekommen! Wie oft aber war Verärgerung und Verbitterung der Lohn hintendrein! Das Zuviel an Vereinen wurde nicht nur hier, nein, überall im Lande nie so sehr empfunden als in der Fastnachtszeit. Und welches Glück brachten die durchwachten Nächte ins Haus für Eltern, Söhne und Töchter? Wie sehr trug der Tag des Herrn, der Sonntag, die Unkosten, wenn man in der Morgenfrüh heimkam? Jetzt wird um zehn Uhr geschlossen und es geht auch so. Jetzt dürften nicht einmal die Säle geheizt werden – und es geht! Man ist froh, wenn es nicht noch schlimmer kommt und hat nur eine Sorge: möchte unsere eiserne Wehr, möchte die Heldenkraft und der Heldenmut zur See, möchte der wachsende Druck auf Englands Trabanten der Vernunft zum Siege verhelfen und den Gatten und Vater, den Sohn und Bruder, bald den Ihrigen zurückgeben (...). Das wäre eine echte Fastnachtsfreude! Das wäre eine Wonne, wie sie kein Fastnachtsdienstag bieten kann und kein Festestrubel im Morgengrauen. Gern wollte man zeitlebens auf alle Fastnachtsfreuden verzichten, würden diejenigen Lieben wieder zur Tür hereinkommen, die heute fremde Erde deckt (...). Noch vor kurzen Jahren lachend in unserer Mitte, in Fastnachtsfreuden, und heute! So ist es der Tod allein, der heute festet!«

Fasnet 1917! Wehmut, Katzenjammer, Trauer – der Narr im Kriegerhäs, seine Kappe aus Stahl. Während sein Volk auf den Schlachtfeldern des Grauens verblutete, mußte »Prinz Carneval« sein volkstümliches Image fürs letzte Aufgebot opfern: »Gold gab ich für Eisen!« Die Rottenburger Zeitung rührte am 12. Februar 1918 die Trommeln: »Nicht der lustig und übermütig aufgeputzte Prinz Carneval klopft heute bei Euch an, sondern das gewappnete Vaterland dröhnt mit eiserner Faust: ›Thu' auf die Truhen und Beutel, die Not und Gefahr heischen es!‹« Als der Krieg endlich vorbei war, hatte man alle Hände voll zu tun, wenigstens das Lebensnotwendigste zusammenzukratzen. Von Fasnet keine Rede – oder doch?

Bereits 1919 luden einige Vereine im Februar zu geselliger Unterhaltung mit Tanz, doch wurde das Wort »Fasnet« schamhaft verbrämt: »Anstelle von Fastnachtsunterhaltungen begehen wir Familienabende mit humoristischen Einlagen.« – »Mit Rücksicht auf den Ernst der Lage keine Fasnet«, verzeichnete der Chronist der »Museums-Gesellschaft« im Jahre 1920. Statt dessen wurde der Winter gefeiert, oder es wurde zum außerplanmäßigen Kegelabend gerufen – kostümiert, versteht sich. Alles deutete darauf hin, daß die Rottenburger eigentlich schon den »Ernst der Lage« begriffen hatten – allein, das närrische

Fleisch schien schwach. So sahen sich die natürlichen Feinde ungehemmten Fasnettreibens – die Behörden – gezwungen, durch die Rottenburger Zeitung an die Moral der festfreudigen Vereinsbrüder zu appellieren:
»§ Stuttgart, 17. Februar. Die ergangenen Mahnungen gegen die entsetzliche Tanz- und Vergnügungsseuche, von welcher fast alle Kreise unseres Volkes ergriffen sind, haben nicht viel gefruchtet. Kostüm= und Maskenbälle und karnevalistische Tanzfeste usw. sind hier (gemeint ist speziell die Stadt Rottenburg, d. Verf.) zu Dutzenden abgehalten worden. Der einzige Unterschied gegen sonst war, daß der Festrummel schon um 4 anging und um 11 Uhr zu Ende war, oder doch sein sollte. Infolge des Maskenverbots für die Straße war wenigstens dem öffentlichen Maskentreiben Einhalt getan, das in der Tat für unsere Verhältnisse gepaßt hatte, wie die Faust aufs Auge. Trotz der fast unerschwinglichen Preise für Mehl, Fett, Eier, Butter usw. ist auch das Fastnachtsküchlebacken in Flor gewesen. Von Entbehrungen sah man nichts.«

So ging's nun weiter. Die Zeiten blieben unsicher. Angesichts der Rhein- und Ruhrbesetzung durch die Franzosen gestaltete sich die »Winterfeier« der »Turngemeinde« am 13. 2. 1923 patriotisch und emotionsgeladen. Der Humor war hin, das Lachen den Leuten im Halse steckengeblieben. Die Fasnetkultur verwilderte zusehends. Wieder einmal erinnerte man sich der närrischen Tage nur, weil sie kalendarisch festgehalten waren. Zwar begingen die Turnvereine ihre »Winterfeiern« und lud der »Zither-Club« ins »Waldhorn« zur Bauernhochzeit, und versetzte der »Liederkranz« seine Mitglieder mit Singspiel-Aufführungen in die Zeit des Biedermeier zurück[25], doch war von einem närrischen Grundkonsens nicht einmal in Ansätzen etwas festzustellen. Die Lokale der Stadt boten in großer Zahl die Abhaltung von »Kappenabenden« an: ein untrügliches Zeichen für das schlechte Befinden von »Prinz Carneval«, der seine Existenzberechtigung immer nur auf Groß- und Gemeinschaftsveranstaltungen gefunden hatte, die von der Mehrheit der Aktiven getragen wurden und die jedermann zugänglich waren. Dazu kam, daß die Fasnet mehr und mehr an gutem Ansehen verlor. Bald jedes Jahr in den Zwanzigern erschienen in der Heimatzeitung aufrüttelnde Appelle gegen die »steigende Entartung des Fastnachtstreibens«, gegen den »sinnlosen Vergnügungstrieb«, der im scharfen Gegensatz zur allgemeinen wirtschaftlichen Not stehe. Ein Redakteur der Rottenburger Zeitung mokierte sich am 27. Februar des Jahres 1927 über die »holde Weiblichkeit, die oft den Karneval mit Fleischbeschau verwechselt«, und er redete den Närrinnen ins lose Gewissen: »Es muß doch der Mann nicht immer an den gegenwärtigen Frauenüberschuß erinnert werden.«

Die Erstgründung der Rottenburger Narrenzunft

Trotz aller Mahnungen ging es in der Neckarstadt munter weiter. Einzelne Lokale hielten ihre Maskenbälle ab, und die »Turngemeinde« feierte in der Festhalle. Und plötzlich meldete sich ein »Narrenkomitee« zu Wort, das per Annonce für einen Umzug warb. Am 28. Februar 1927, Rosenmontag, kam es auf dem Marktplatz zum Gedränge. Drei Autos, besetzt mit Narren in verschiedenen Kostümen, lenkten durch laute Musik die Aufmerksamkeit der anderen Masken auf sich. Diesen Vorfall nahm das Komitee zum Anlaß, zur Teilnahme am »Großen Umzug« des nächsten Tages aufzurufen, der sich von der Gaststätte »Schiff« zur Turnhalle bewegen sollte. Für den Abend war die Beerdigung des Prinzen Karneval vorgesehen. Am Mittwoch berichtete die Zeitung vom ersten großen Umzug seit nunmehr dreizehn Jahren, der allerdings ohne prunkenden Aufwand vonstatten gegangen sei: »Das hinderte aber nicht, daß halb Rottenburg auf den Beinen war, um das ... gänzlich ungewohnte Bild ... neugierig zu betrachten.« Buntgeschmückte Autos und Motorräder fuhren dem Zug hinterher, »ein fast endloser Zug von Masken, harmlose und andere ...« Aller Unbill zum Trotz hatten sich einige Narren zusammengefunden, deren gemeinsames Interesse der Erhaltung und der Pflege der Fasnet galt. Sie hielten die Zeit für gekommen, einem Brauchtum, das sich über die Jahrhunderte so hartnäckig und beständig – gegen alle Verbote und Repressionen – eingebürgert hatte, zu seinem würdigen Platz in der Stadtgeschichte zu verhelfen. Die Fasnet sollte fortan nicht mehr nur ein alljährlich im Februar praktiziertes Vereins-Festanhängsel oder ein willkommener Umsatzförderer für die Gastronomie sein.

Bis zum Jahre 1925 läßt sich das Entstehen der ersten Rottenburger Narrenzunft zurückverfolgen. Die Mitgliedskarte eines der Männer der ersten Stunde, Josef Ruf, datiert vom 2. Februar 1925 und ist unterschrieben vom Präsidenten Lucian Grall, vom Ratsaktuar Adolf Seitzer und vom Säckelmeister Franz Schäfer. Nach den bisher vorliegenden Materialien ist davon auszugehen, daß die Zunft nicht als »eingetragener Verein« im Vereinsregister stand, wiewohl dessen ungeachtet eine Satzung ausgearbeitet war, nach der die Mitglieder verfuhren. Für die Elferräte selbst galt laut ihrem Protokollbuch als Stichtag der Gründung der 9. Januar 1930, der Tag der ersten Generalversammlung der Zunftmitglieder. Die Zeit zwischen 1925 und 1930 diente in erster Linie dem Aufbau und der Strukturierung des Vereinskörpers; die Hauptprogrammpunkte der ersten Satzung waren die »Bekämpfung moderner Auswüchse« und die »Erhaltung und Pflege der guten althistorischen Faschingsbräuche, wie sie in Rottenburg aus der Zeit der Herrschaft der Hohenberger ... überliefert sind«, so jedenfalls schrieb es die Rottenburger Zeitung vom 3. Februar 1934. Zunftorgane waren: erstens Vorstand (Präsidium), zweitens Ausschuß (Elferrat), drittens Mitgliederversammlung. Die Aufnahme in die Zunft setzte neben der Gebühr von einer Reichsmark die Ablegung des Narreneids voraus, der vom Präsidenten abgenommen wurde.

Für die Fasnetszeit 1928 kündigten die Gründer Veranstaltungen unter dem Motto: »Fidelia Mälchingen« an. Unter dem Protektorat des Prinzen Karneval, der Assistenz des

Ein Mann der ersten Narrenzunft-Stunde war Josef Ruf, langjähriger »Narrenvater« im Elferrat.

Hofstaats samt Hofmarschall, Pagen und Lakaien, wurden Szenen aus dem Leben der fiktiven Albgemeinde Mälchingen aufgeführt – hier stand wohl noch das im letzten Jahrhundert vielbenutzte »Krähwinkler«-Motiv Pate. Auf dem Marktplatz-Gerüst wurden kernige Reden geschwungen und ein Preissingen abgehalten. Für den Festzug verlautete aus dem »Großen Hauptquartier des Elferrats«[26], daß auch für bisher noch nicht registrierte »Clowns, Pierrots und andere anständige Masken« die Möglichkeit der Teilnahme am Umzug offenstehe. In den Jahren 1928 und 1929 waren vermehrt Maskenball-Anzeigen der verschiedenen Gruppierungen zu lesen, und zusätzlich rief nun der Elferrat zum Besuch *seiner* Veranstaltungen auf. Wie im Jahre 1911 wurde Rottenburg 1929 zum Weltbad erkoren. Für den Rosenmontag, 10 Uhr, stand ein historischer Umzug mit Lanzenstechen auf dem Programm; um 13 Uhr durfte jeder, der sich angemeldet hatte, am »Großen, öffentlichen Masken-Umzug« teilnehmen, und ab 17 Uhr ging's endlich wieder gen Narrhalla. Morgens, Punkt 10 Uhr, wurde ein schmuckes Fähnlein von Turnierreitern vom Elferrat begrüßt – dann konnte das Stechen beginnen. Grenadierpuppen und aufgestellte Teller dienten als Zielobjekte. Den anschließenden Umzug führten drei edle Ritter und ein Trommlerkorps an. Ihnen folgten: ein Wagen mit weißgekleideten Quellgeistern der Römerquelle, eine Diplomatengruppe, eine Schar von Tennis-Cracks und eine Handvoll chinesischer Kurgäste, lärmend begleitet vom »Narrensamen«. Und dann, im Weltbad die Weltpremiere. Hinter der Kurkapelle marschierte, Narri-Narro und rätä-tä, die »Rottenburger Originalmaske«. Ja, so hieß er damals noch, der frisch kreierte Ahland, einfach »Originalmaske«. Da sich darunter niemand so recht etwas vorstellen konnte, wurde einer der Ahland-Stammväter mit einem Foto im »Bade-Blatt«[27], flankiert von zwei glattpolierten Barockmasken, der Weltöffentlichkeit vorgestellt. Die Geburt des Ahland steht in ursächlichem Zusammenhang mit der Gründung der Narrenzunft. Eine Narrenzunft benötigt ihre eigenen Masken, und so griffen die Männer der ersten Vereinsstunde gerne auf die Renaissance-Schreckmaske zurück, die heute am Jägerhaus im »Preußischen« ihr fest vermauertes Dasein fristet. Was paßte besser zu der Figur als der Name »Ahland«, der in Rottenburg schon sehr lange Zeit im Gebrauch war und als Synonym für »Teufel« benutzt wurde? Früher, noch bevor die Figur des Ahland geboren war, so hört man von alten Rottenburgern gelegentlich noch heute, sagten die Kinder, wenn sie vermummt auf die Straße gingen: »I gang' als Ahland!«

In der Rottenburger Oberamtsbeschreibung des Jahres 1899 steht auf Seite 144 zu lesen: ». . . über die Fasnacht treiben sich vermummte Kinder ›Aaland‹ auf der Straße herum. Die Abhaltung größerer Veranstaltungen auf der Straße ist sehr selten geworden, dagegen machen wie überall maskierte Kinder und Halberwachsene bei Verwandten die Runde.« Der hohe Symbolwert, den der Ahland für die gesamte Rottenburger Fasnet verkörpert, ist insofern berechtigt, als die Narrenzunft das Treiben zum Großteil in ihre organisatorischen Hände genommen hat. Doch noch heißen sie »Originalmasken«, deren Zahl die fünf nicht überschritt.

Prinz Karneval folgte der neuen Attraktion auf den Fuß, begleitet vom »allerhöchsten Elferrat«. Dann kamen diejenigen, die man als Laufnarren bezeichnen könnte, phantasievoll kostümierte Bürger, z.B. die »Familie Neureich« oder der »Eiserne Justav«. Die »Kurpromenade«, früher Marktplatz, füllte sich mit »Badegästen«, die vom Schultheißen, vom Badedirektor und vom Prinzen Karneval mit Gereimtem begrüßt wurden:

»O ja, ich sehe Vertreter aller Nationen.
Aus allen Weltteilen, aus allen Zonen.
Das ist der Zauber der Narrenidee,
Bei der man vergißt die Sorgen, das Weh!
Im Zeitalter der Kriegslasten und Steuern,
Muß man erst recht den Karneval feiern!
Ihr alle, die ihr steht an meines Thrones Stufen,
Euch alle fordere ich auf, mit mir zu rufen:
Die Narrenzunft, das Volk der Narren
lebe hoch! hoch! hoch!«

Wegen der strengen Kälte machte man es kurz, der Zug ordnete sich erneut und bewegte sich auf das beheizte »Kurhaus« zu. Die Redoute beschloß die Fasnetsfeierlichkeiten am Dienstag, 12. Februar 1929.

Nachdem nun die Zunft ins Leben gerufen war und auch erfolgreich handelte, so daß eine gewisse Kontinuität in ihrem Wirken abzusehen war, bemühten sich ihre Gründer um eine schärfere Konturierung. Man war bestrebt, die Existenzberechtigung des Vereins durch die Verankerung im historischen Geschehen der Stadt abzusichern. Rasch erinnerte man sich des gebildeten Fräuleins von Österreich, der Erzherzogin Mechthild, die durch ihr fruchtbares Wirken der Stadt einst zu großem Ansehen verholfen hatte. Bereits für das Jahr 1930 war ihr Eintritt in die Geschichte der Rottenburger Narrenzunft vorgesehen[28].

Die Darstellerinnen der Gräfin Mechthild:
    1. Frau Büttgen
    2. Paula Laux
    3. Theresia Bengel

4. Maria Nesch
5. Hilde Pfeffer
6. Gretel Widmaier
7. Bärbel Nesch
8. Christa Pfeffer-Walter
9. Hildegard Dietrich
10. Paula Haßmüller
11. Anneliese Wolf
12. Renate Reinhard

Jedoch: »Gemäß Verordnung des württembergischen Innenministers vom 7. 1. 1930 wurde auch dieses Jahr jedes Fastnachtstreiben auf öffentlichen Straßen und Plätzen verboten. Demgemäß hat das hiesige Oberamt im Hinblick auf die schlechte wirtschaftliche Lage weiterer Kreise des Bezirks einen Fastnachtsumzug nicht gestattet.«[29] 1931 sah's nicht besser aus. Ein »Hausball« der Narrenzunft am Samstag, dem 15. Februar, im Hotel »Bären« und einige kleinere Kneipenfestivitäten waren alles, was man wagte. Ein Jahr darauf boten nicht einmal mehr die Lokale, die bisher stets die Garanten der Fasnet in Zeiten wirtschaftlicher Not waren, Raum für die Narren. Die Zeitung klagte am 10. Februar: »Auf den Straßen waren es lediglich die Kinder, die ihren Spaß an Masken und Verkleidungen hatten. Der hiesige Elferrat entschädigte die enttäuschte Jugend durch einen kleinen Umzug am Montag, das gab Begeisterung... Diese Notverordnungs-Fastnacht wird noch lange in Erinnerung bleiben.«

Nun, die schlechten Zeiten waren bald vergessen. Seit dem Jahre 1933 erlebte das Narrentreiben einen gewaltigen Aufschwung. In der Generalversammlung der Narrenzunft am 23. März sprach Präsident Lucian Grall vom »Wiedererwachen der Faschingspflege nach dem großen Krieg«[30]. Ratsaktuar Glückher verwies in seinem Tätigkeitsbericht noch einmal auf die Ursachen, die das Wachstum der Zunft verhindert hatten: Das allgemeine Regierungsverbot gegen Fastnachtsumzüge und »die ablehnende Einstellung des Landrats Schmid zum Faschingsgedanken«. Doch sei man in den mageren drei Jahren nicht untätig gewesen. Zügig sei der Aufbau im Inneren vorangetrieben worden, vermehrt hätten Hausbälle von Zunftmitgliedern stattgefunden, es seien auch Lokale und andere Vereine wieder für den Faschingsgedanken gewonnen worden, und schließlich habe man ja Kinderumzüge mit Narrensamenfütterung durchgeführt. Rottenburg sei nun wieder daran, seinen guten alten Ruf einer »Narrenstadt« zurückzugewinnen.

Doch war noch mehr geschehen. Die Zeit wurde genutzt, um Kontakte mit anderen Narrenstädten herzustellen und zu pflegen. 1929 war Rottenburg bei der Hauptversammlung der Vereinigung der schwäbisch-alemannischen Narrenzünfte in Elzach vertreten, 1931 in Lauffenburg, 1932 in Hechingen. Auch bei den Narrentreffen in Villingen, Rottweil und Stockach liefen »Rottenburger Originalmasken« werbewirksam mit. Die Mitgliederzahl der Zunft war bis auf 120 angestiegen, die Beitrittsgebühr lag bei einer Mark, der Jahresbeitrag bei drei Mark. Diese Gelder dienten als »finanzielles Rückgrat der Faschingshuldigung am Rosenmontag«. Weitere, nicht unerhebliche Einnahmen erbrachten die Eintrittsgelder für die Redouten, so daß für Reklame, Kostümmieten, Musik usw. bestens vorgesorgt war. Ratsaktuar Glückher, Säckelmeister Josef Neu und der Ratsmarschall Otto Neu ließen sich von ihren Pflichten, die sie seit 1925 treulich erfüllt hatten, entbinden, so daß nach einer Neuwahl der zweite Elferrat am 3. April 1933 ins Amt eingeführt werden konnte. Die Posten verteilten sich auf folgende Personen:

Präsident	Lucian Grall	Dentist
Zeremonienmeister	Hans Nagel	Buchhalter
Ratsaktuar	Adolf Seitzer	Kaufmann
Ratssäckelmeister	Franz Schäfer	Bäckermeister
Ratskanzler	Karl Müller	Obersekretär
Ratsarchivar	Karl Nill	Hotelier
Narrenvater	Josef Ruf	Gipsermeister

Ratsmarschall	Paul Schindler	Dentist
Ratsmundschenk	Max Wollensack	Weinhändler
Ratsvogt I	Eugen Baur	Friseurmeister
Ratsvogt II	Dr. Heinrich Büttgen	Arzt

Die Kunstbeiräte Walz und Reitze machten sich sogleich ans Werk, für die Würdigen neue »Ornaten« zu entwerfen, ebenso eine Standarte. Wie sehr das Wohl und Wehe der Zunft von politischen Unwägbarkeiten abhängig war, zeigt die Empfehlung Lucian Gralls, mit der Beschaffung der neuen Ornate noch abzuwarten, da man nicht wissen konnte, wie sich die neue Regierung dazu stelle. Dabei war die Fasnet des Jahres 1933 ohne die geringsten Schwierigkeiten über die Bühne gegangen. Die im Februar 1933 noch nicht gleichgeschaltete Rottenburger Zeitung berichtet von Fastnachtsumzügen antifaschistischer Gruppen und von Nationalsozialisten, bei denen vorwiegend fremde Gesichter zu sehen gewesen seien. Der »normale« Fasnetsumzug wurde von niemandem behindert. Drei Jahre hatte Frau Dr. Büttgen warten müssen, ehe sie als erste »Gräfin Mechthild« die Huldigung ihres Narrenvolkes entgegennehmen durfte.

Der Aufschwung in den dreißiger Jahren

»Einst und jetzt« lautete das Motto. Die Zunft machte Geschichte mit der Geschichte ihrer Stadt. Erstmals war für Rosenmontag wieder ein großer Umzug vorgesehen, der sich durch Autenstraße (Sprollstraße), Ehingerlanggasse, Königstraße, wieder Autenstraße, Gartenstraße, Marktgasse bis zur Turn- und Festhalle bewegen sollte.
Auf dem Marktplatz drängten hellebardenbewehrte Landsknechte die Menge der Zuschauer zurück, als sich die Gräfin auf der schwarz-rot ausgeschlagenen Tribüne unter einem roten Baldachin postierte. Drumherum sammelten sich ihr Hofstaat, der Stadtmagistrat, der Hofnarr und die Minnesänger. Bürgermeister und Gräfin bedichteten sich öffentlich zu Ruhm und Ehre der Mummerei. Minnesänger griffen herzhaft in die Saiten, dann kündigten Fanfaren das Ritterspiel mit anschließendem Lanzenstechen an. Berittene Waldzwerge lösten die Recken ab, sie brachten dem Fräulein von Österreich Gaben und ein Ständchen dar. Dann veranstalteten die Kinder einen »historischen Narrenritt«, der von den »Rottenburger Originalmasken« angeführt wurde. Während sie um den Mechthildbrunnen zogen, ertönte vielhundertstimmig der damalige »Narrengesang«:

»Freut Euch des Lebens
die Rautaburger Mädla hent Florstrümpf an,
doch es isch' älles vergebens,
's kriegt koine derwäga an Mann.
Vor lauter Stolz wöllet se obenaus,
die Florstrümpf bringet koa Geld ins Haus,
älles isch' vergebens,
's kriegt koine derwäga an Mann!«

Ungefähr 5000 Menschen erwarteten am Mittag den historischen Umzug. Herolde, Fanfarenbläser, Trommler und Pfeifer, Landsknechte, Ritter und Zwerge, die Gräfin mit Gefolge und Prinz Karneval, »der milde Beherrscher des Tages« – dann kamen die einzelnen Laufgruppen mit den Musikkapellen und schließlich die »Originalmasken«, die fortan »Ahlande« heißen durften und nach den Worten des Zeitungschronisten »das wertvollste sind, was wir aus der alten Fastnacht besitzen«. Er setzte hinzu: ». . . es wäre allerdings zu wünschen, daß diese nach und nach vermehrt würden.« Dieser Wunsch ist zweifellos in Erfüllung gegangen. Bei über 400 Mitgliedern kennt die Gruppe heute keine Nachwuchssorgen.
Die zweite Geburt der Narrenzunft Rottenburg war gelungen. Der Elferrat machte sich daran, die Fasnet des Jahres 1934 vorzubereiten. Stadtrat Anton Bader stellte am 18. Dezember 1933 dem närrischen Rat das von ihm entworfene Programm für 1934 vor. Wieder einmal – das ging den Rottenburgern offenbar nachhaltig im Kopf herum – sollte die Stadt »Weltkurort« sein, und alles sollte

größer, schöner und aufwendiger werden als je zuvor. Geld mußte her. Die Elferräte legten in der Sitzung die Eintrittspreise für die Redouten (RM 1,50) und das geplante Marktplatz-Spiel (20 Pfennig) fest; gelb-schwarze und weiß-rote Festbändel sollten zusätzlich Einnahmen verschaffen. Weil man nicht gegen die anderen Vereine feiern wollte, wurden zur Teilnahme erfolgreich aufgefordert: »Liederkranz«, »Turngemeinde«, »Kraftsportverein«, »Radfahrverein«, »Zither-Club«, »Reiterverein«, »Gesellenverein«, »Bäcker- und Metzgerinnung«. Die Brauereien Bolz und Hiller erhielten die Erlaubnis zur Bewirtschaftung der Turnhalle, der Preis für die Halbe Bier wurde auf 25 Pfennig festgelegt. Für die musikalische Unterhaltung sollten ein Blas- und ein Streichorchester Sorge tragen. Die Reichsbahn sagte die Bereitstellung von Sonderzügen aus Reutlingen und Tübingen zu. Lucian Gralls Lieblingswunsch nach Herausgabe einer Narrenzeitung wurde von der Mehrheit der Räte abgelehnt; der hartnäckige Obernarr erzwang jedoch den Beschluß, für 1935 ein Blatt gestalten zu lassen. Kunstbeirat Walz wurde beauftragt, einen Film über den Umzug drehen zu lassen. Ende Januar 1934 machten die Elferräte Ernst. Präsident Grall gab die Kleiderordnung für seine Ausschußmitglieder bekannt: zu den schwarzen Ornaten schwarze Halbschuhe, weiße lange Strümpfe, weiße Handschuhe und Spangen. In ungewohnt großer Aufmachung berichteten die Zeitungen über das Ereignis. Form, Ton und Stimme hatten sich im nunmehr gleichgeschalteten Heimatblatt verändert; beinahe enthusiastisch betexteten die braunen Schreiber die Rottenburger »Volks«-Fasnet. Ganz schlüssig war man sich jedoch von Anfang an nicht, wie die Feierlichkeiten gesellschaftspolitisch einzuordnen seien. Es bedurfte eines energischen Wortes des Stuttgarter Oberbürgermeisters in der Rottenburger Zeitung vom 13. Januar 1934: »In keiner Weise könnte es gebilligt werden, wenn in der Bevölkerung gegen gesellige Veranstaltungen überhaupt Stimmung gemacht würde... Auch die Tage des Fasching mögen dazu dienen, daß alle Schichten der Bevölkerung sich in natürlicher, ungezwungener und fröhlicher Geselligkeit zusammenfinden und immer mehr zusammenschließen.«

Am »Schmotzige Daoschdig« gehörte die Straße vor allem den Kindern, die sich das Singen von Narrenversen mit Süßigkeiten belohnen ließen. Die Lokale boten Hausbälle und Kappenabende zur Genüge: »Café Beck«, »Café Rammensee«, »Zum Goldenen Sternen«, »Ratstube«, »Bären«, »Dreikönig«, »Bahnhof-Hotel«, »Bierhalle« und »Jägerstüble«.

Am Sonntag und Montag, 14 Uhr, liefen die großen Veranstaltungen ab. Narrenritt, Lanzenstechen und Anton Baders Fastnachtsspiel – dies alles in Anwesenheit der Gräfin Mechthild, ihres Sohnes Graf Eberhard im Bart mit Gattin Barbara von Mantua und Kaiser Friedrichs III. Der gereimte Bierernst Anton Baders fand nicht jedermanns Zustimmung[31]. Historie und Mythos vermischten sich zu einer leicht penetrant wirkenden Lobhudelei auf das Wirken gekrönter Häupter, in deren Anwesenheit der Narr allenfalls als schmückendes Beiwerk auftreten durfte. Wie sich die Narrenzunft den Ablauf der Fasnet vorstellte, verdeutlichen einige Passagen aus dem Fastnachtsspiel, mit denen Prinz Karneval und der »Weltbaddirektor« ihre Gäste begrüßten:

Der Prinz:

»So will ich's in meinem Bereiche haben,
Daß alle einen richtigen Sparren haben!
Verstand und Weisheit sind bei mir verpönt,
Habe mich lange schon daran gewöhnt,
Mit Narren ausschließlich zu verkehren,
nur diese kommen bei mir noch zu Ehren!«

Der Direktor:

»Nun macht euch vertraut mit meinen Gesetzen:
Freiheit in Grenzen das erste Gebot,
Scheckige Kleider, blau, grün und rot,
Zotige Reden in Acht und Bann
Spielen und Scherzen, tue wer's kann! –
Liebliches Plaudern mit reizenden Damen,

Alles im Anstand, in ehrbarem Rahmen.
Singen und springen und tanzen im Reigen
Und Kavalier bei allem sich zeigen;
Essen und Trinken nicht über das Maß
Kühe nur saufen und fressen ihr Gras!
Menschliche Würde gilt meinem Reich auch,
Machet vom Weltbad nun guten Gebrauch!
Seht, das ist zur Fastnacht mein Kommuniqué,
Bekennt euch nun alle zur Narrenidee!
Es liegt für die Zukunft in euerer Hand
ob ihr euch bewähret im Narrenland!
Drum mühet euch bitte, auf jegliche Weis',
Man führt ja nur einmal den Esel auf's Eis!
Nun sei mir, o herrliches Weltbad gepriesen;
Ruft alle mit mir, damit will ich schließen
Das Weltbad Rottenburg
lebe hoch, hoch, – hoch!«

Der Umzug stand kostümmäßig ganz im Zeichen des »Weltkurortes«. Mehr als 2000 auswärtige Besucher waren angereist, so daß die örtliche Polizei auf die tatkräftige Unterstützung der Landjäger angewiesen war. Nachdem alle »Badegäste«, »Ahlande«, »Kaiser« und »Grafen« vorübergezogen waren, begab sich die »geeinte Volksgemeinschaft« gegen 18 Uhr zur großen Maskenredoute in die Festhalle, um ein »echtes Volksfest« zu feiern, das ausdrücklich kein gesellschaftliches Ereignis, nur veranstaltet für eine kleine, besitzende Schicht, sein sollte. Vor der Redoute hatte man sich beim Schlußgesang auf dem Marktplatz (Melodie: Freude, schöner Götterfunke) die Hände gereicht und gesungen:

»Rings umher ist alles Freude, schön ist doch die Faschingszeit;
Und der Zauber, wie so wonnig, wenn man steckt im Narrenkleid! –
Glücklich, in dem Wahn zu leben, König oder Prinz zu sein,
Zu erheitern uns das Leben, darum muß es Fasching sein!

Dieser Zeiten bunter Plunder, macht uns oft das Leben schwer,
Uns tut not das Faschingswunder, unsers Prinzen Wiederkehr! –
Darum alle Jahre wieder feiern wir den Karneval,
Reicht die Hände auch als Brüder, rufet hoch Prinz Karneval!«

Geschickt hatten es die neuen Machthaber verstanden, die Rottenburger Fasnet als »völkische Gemeinschaftsveranstaltung« unter die Fittiche des braunen Adlers zu nehmen.

Für das Jahr 1935 hatte sich der Elferrat etwas ganz Besonderes einfallen lassen. In der Sitzung vom 5. November 1934 beschlossen sie das neue Motto, mit dem sie gleichzeitig ihrem Präsidenten Lucian Grall die Reverenz erwiesen: »Weltcircus Gralliento-Lucianna«. Zur richtigen Einstimmung traf sich die Zunft Ende Januar 1935 zum »humoristischen Abend« im »Waldhorn«. Man trug farbige Klappzylinder und bunte Krawatten, das einfache Mitgliedervolk erschien nach Belieben. Höhepunkt des Abends war die Vorführung des Fasnet-Films 1934, der mit wahrer Begeisterung aufgenommen wurde. Am 2. März wünschte sich der Chronist der Rottenburger Zeitung: »Möge auch dieser Karneval ein ›Salzkorn‹ sein für die geistige und kulturelle Gesundung eines Volkes, das die Losung ›Kraft durch Freude‹ nicht bloß als billiges Schlagwort betrachtet.« Narrenpräsident Grall und seine Leute hatten alles in Bewegung gesetzt, daß sich Rottenburg in eine lebenslustige Zirkusstadt verwandeln konnte. Von einer Politisierung der Fasnet war, wenn man die Inhalte der Beiträge untersucht, kaum etwas zu bemerken; auch gibt das Protokollbuch des Elferrats keinerlei Hinweise auf eine mögliche nationalsozialistische Infiltrierung der Zunft.

Mit Spannung erwartete am Sonntag nach dem Lanzenstechen eine mehrtausendköpfige Menschenmenge den großen Festzug. Der erste, der dann im dichten Schneetreiben sichtbar wurde, war der wegbahnende Büttel, wie

Fasnetsmotto 1935 in der Rottenburger Zeitung (oben): eine Verbeugung vor Elferratspräsident Lucian Grall. Im Jahre 1936 lud der »Pharao« zu exotischem Treiben (unten).

er heute auch noch in der Person des Alt- und Obernarren Alfons Uttenweiler präsent ist. Vorbild für diese Figur ist der stadtbekannte Polizist Grünlinger, der nach der Jahrhundertwende, zumeist im angeheiterten Zustand, für allerlei Turbulenzen in der Bischofsstadt gesorgt hatte. Eine Kapelle ging dem Historischen Teil voraus, dem eine buntgewürfelte Narrenschar, Zirkusleute und mittlerweile ein knappes Dutzend »hoppender« Ahlande folgten. Am Ende rollte der vielbejubelte Elferrats-Wagen. Das diesjährige Fastnachtspiel bestand aus einer Zirkusvorstellung auf dem Marktplatz, der gegen eine Eintrittsgebühr von zwanzig Pfennig betreten werden durfte. Ringer, Dompteure, Turner, Clowns und Dressurreiter zeigten ihr Können. Besondere Aufmerksamkeit erregte eine Seiltänzergruppe unter der Leitung des regenschirmbewehrten »Seffle« Edelmann, der selbst »mit Todesverachtung« zehn Meter über dem Pflaster auf einem Seil umherspazierte. Nach dem Ende der Vorstellungen setzte ein wahrer Sturm auf die Lokale ein, es galt, die Stunden bis zur abendlichen Redoute zu überbrücken. Am Montag wiederholte sich das Spektakel. Der Dienstag gehörte den Jungen, die sich, während die Ahlande ihre neugelernten Narrensprünge vorführten, mit andauernden Sprechchören »Hoorig, hoorig, isch' die Katz'«, usw. Würste, Brezeln und Wecken verdienten. Der sterbende Prinz Karneval wurde um Mitternacht zum Marktplatz getragen und unter lautem Heulen im Brunnen der Mechthild versenkt. Einen »Ausflug an die Quellen des Nils« wagte die Narrenzunft im nächsten Jahr 1936. 2500 Zuschauer ergötzten sich an den Einfällen der rund 300 Festzugteilnehmer, die allesamt dem gastgebenden Pharao mit allerlei Schabernack huldigten. In gewohnter Weise sammelten sich die zwei Komponenten des Zugs – Historischer Teil und mottogerecht Kostümierte – auf dem Marktplatz zur Begrüßung durch den Pharao. Ein »Araber« ritt auf einem riesigen Pappkamel herbei, der »Negus« hatte sich für einen Reise-Elefanten entschieden. Jede Nationalität bot irgendeinen landestypischen Beitrag – ja, und die Narren der Stadt stellten neben ihren nun hinlänglich bekannten historischen Persönlichkeiten zum ersten Male den Tanz der Hexen vor.

Dem Pharao gefiel's, und er lud die ganze verrückte Gesellschaft in seinen Palast, der mit Hilfe des Kunstbeirats der Narrenzunft in stilvoller, tempelartiger Gestaltung prunkte.

Das Fasnettreiben war in Rottenburg wieder einmal Institution geworden, und jedem erschien es selbstverständlich, daß im nächsten Jahr der Rummel von vorne losging. 1937 stand die Narrenstadt im Zeichen der »Volksfest-Fasnet«. Bei strahlendem Sonnenschein strömten wie im Vorjahr Tausende ins Zentrum, den Umzug, das Lanzenstechen und das Volksfest anzuschauen. Diesjähriger Höhepunkt war der Kampf um die Boxweltmeisterschaft zwischen Max Schmeling und Joe Louis, den Schmeling nach langem Hin und Her unter dem Einsatz einer Kanone für sich entscheiden konnte. Der Montag brachte die Wiederholung, und der Abend die Prämierung der originellsten Masken: 1. Preis für Eugen Weßner als Clown; 1. Preis der Charaktermasken für den Landstreicher Ernst Jetter; 1. Paarpreis für das Zigeunerduo Rupp/Haga; 1. Charakterpaarpreis für Schneidermeister Uttenweiler mit Frau für die vielbeachtete Darstellung der Rottenburger Originale »Liegl« und »Magdale«; den Gruppenpreis errang Otto Grimmer mit seinen Schulkindern. Am Dienstag waren die Straßen voller Leben, die Lokale freuten sich über Rekordumsätze, die Kinder über ihren Ball mit Narrensamenfütterung. Der Abend brachte eine Variation. War am Rosenmontag bereits Prinz Karneval im Brunnen beigesetzt worden, diente der Dienstagabend der flammenden Grablegung des immer mehr in den Vordergrund tretenden Ahland. Der »Seffle«, Leibarzt des Frühlingsboten, schritt dem Trauerzug voran, und konnt's doch nicht begreifen: ». . . do leit er und isch doch so guat gsai. Koim Menscha hot er äbbes dau und hot doch so lacha könna, wenn er nau au no oan Schnapper dät, aber nau nommliega und gar nonts mai saga.«

Am 25. Oktober 1937 vermerkte Elferrats-Aktuar Adolf Seitzer im letzten Eintrag seines Protokollbuchs: »Programm für Fasching 1938. Motto: Volksfest mit Beiprogramm. Seffle gibt sein gedachtes Programm bekannt (Rennen), nach kurzer Aussprache bekam Kunstbeirat Vollmer den Auftrag, ein Programm bis zur Hauptversammlung mit seinen bestimmten Mitarbeitern auszuarbeiten.« Offensichtlich war man nicht mehr bereit, einmal verbrauchte Mottos wiederzubeleben. So dachte man sich etwas Neues aus: »Hauzeg zu Ehneszeiten« bzw. »Fernäzes Hauzeg«. Am »Schmotziga Daoschdig« fand, wie es heute noch Brauch ist, der bekannte Hexenrummel auf dem Marktplatz statt. Nach dem Historischen Teil, den Laufnarren und den Ahlanden, hatte sich diese Gruppe mit als bleibendes Element der Rottenburger Fasnet etabliert. Nach der Vertreibung der Hexen durch Prinz Karneval und die Ahlande verlagerte sich das Geschehen in die Wirtschaften. Sonntag und Montag fanden wieder Umzüge statt. Dieses Mal bewegte sich ein riesiger Hochzeitszug durch Rottenburg, geführt von den »Historischen«, dem Prinzen und seiner Prinzessin (Stefan Vollmer und Nora Biehler), gefolgt von Bauern, Handwerkern, Ahlanden, Hexen, einer Altweiberkapelle und dem Elferrat. Wie immer gestaltete sich der Ablauf ganz und gar unpolitisch, allein die Zeitungen versuchten, das Spektakel in den weitgespannten NS-Rahmen einzupassen.

»Rautaburg im Narrahäs« lautete die Parole für 1939. Einmal noch blühte die Stadt im närrischen Gepränge auf. Die Fasnet hatte in diesem Jahr einen Höhepunkt erreicht, gefeiert wurde ohn' Unterlaß von Donnerstag bis Dienstagnacht. Ahlande standen im Mittelpunkt, Ahlande ritten auf »Kamelen«, Ahlande spazierten durchs »Biedermeier«, und sie drohten scherzhaft gen Amerika: »Auwei, auwei, Mister Roosevelt.« Auch eine Welturaufführung wurde geboten: Karl Bengels vielgeliebter Narrenmarsch dröhnte zum erstenmal durch alle Gassen. Tausende machten mit und lebten ihre närrischen Triebe noch einmal richtig aus – und sie taten gut daran: die Zeiten setzten der Narrenidee ein abruptes Ende: Zweiter Weltkrieg!

Niedergang und Neugründung der Narrenzunft

Schon im Jahre 1940 marschierten die Narren nicht mehr lustig und bunt, sondern ernst und feldgrau. Als Ersatz für die Fasnetfeiern zeigte das Tübinger Kino »Hirsch« den Streifen »Fasching« der Bavaria-Filmkunst. Die Zeiten hatten sich geändert: jetzt kamen die Rottenburger im Februar nach Tübingen. Von 1941 bis 1947 – die Zahlen, Daten und Fakten sind hinlänglich bekannt – ruhte jegliches Fasnettreiben in der Neckarstadt. Doch konnte nicht einmal der Wahnsinn jener Jahre das alte Brauchtum für immer vergessen machen. Das Tübinger Schwäbische Tagblatt meldete am 6. Februar 1948:

»Eine alte Tradition lebt wieder auf. Viele Jahre war kein Faschingsumzug mehr zu sehen. Auf Anregung der Stadtkapelle wird am Montagnachmittag 15 Uhr ein Kinderumzug durch die Straßen der Stadt geführt... Nur schulpflichtige Kinder dürfen teilnehmen. Den Kindern wird auf dem Marktplatz eine kleine Gabe gereicht. Einige Schellennarren werden den Zug begleiten.«

Als Motto empfahl das Blatt: »Glücklich ist, wer vergißt, was nicht zu ändern ist.« Die Wirtschaften Rottenburgs verzeichneten »Vollbetrieb«.

Bereits im folgenden Jahr waren die Elferräte wieder da und übernahmen sofort das Steuer des Narrenschiffs. Motto: »Jetzt isch' halt so!« Und, alle Achtung, sie machten so weiter, wie sie vor zehn Jahren aufgehört hatten. 2000 Auswärtige kamen und brachten die nagelneue »D-Mark« in die Stadt. Dafür war einiges geboten. 40 Gruppen, 5 Kapellen, 18 Festwagen! Dazu Narrengäste aus dem nahen Wurmlingen (Atomfeuerwehr), Oberndorf und Kiebingen (Butzen). Prinz Walter I. hielt prunkvollen Hof in der Festhalle, wo sich wieder alles vereinte, was sich zur Rottenburger Fasnet zählte. Gleich von Anfang an erschienen zwei Narrenzeitungen, die eine vom VFL Rottenburg »Neueste Nachrichten« mit allerlei närrischem Vereins- und Stadtklatsch, die andere von der Narrenzunft Rottenburg. Präsident Viktor Stemmler, vor dem Kriege noch »Prinz Viktor«, hatte im Lokalblatt um Beiträge für den »Rautaburger Ahland«, 497. Jahrgang, gebeten – vier Seiten voller Nonsens, Insider-Klamauk und Frechheiten, doch alles im närrisch-»anständigen« Rahmen.

Solche Umtriebe waren den Behörden gleich wieder suspekt. Im »Amtsblatt der Behörden des Kreises Tübingen«, Nr. 5 vom 2. Februar 1950, ließ das Landratsamt vernehmen, daß »Auswüchse, Unzuträglichkeiten und insbesondere ruhestörender Lärm während der Nachtzeit« ungeachtet aller Fasneteuphorie zu vermeiden seien. Doch wer wollte die vergnügungshungrigen Neckarstädter nach diesen dürren Jahren bremsen? Mehr als 10 000 Besucher schauten sich den großen Sonntagsumzug an und ergötzten sich an »harmlos-ironischen« Bezügen zur Weltpolitik. Dem Prinzen Karneval wurden Huldigungen vor dem Rathaus dargebracht, Vorführungen einer historischen Reiterquadrille ergänzten das Schauspiel. Gegen Abend verliefen sich die 10 000 in die Lokale oder in die ebenfalls wieder fasnetbewegten Vereine.

»Dem Ahland unser ganzes Geld!
Er gängelt seine Narrenwelt,
im Kopf nur leeres Stroh.
Narri-Narro!
Jetzt isch's halt so!
Es leb' der Rat der Elfe!
Wir brauchen keine Zwölfe.
Uns Narren g'fällt's auch so.
Narri-Narro!
Jetzt isch's halt so!«[32]

So weit war man wieder 1951. Das Motto als phantasiebeflügelnder Aufhänger erfuhr nach dem Kriege kaum noch eine Belebung, ab jetzt hieß es sinngemäß nur noch: »Auf nach Rottenburg zur Fasnet!« Beibehalten wurde die inzwischen liebgewordene Sitte, das Programm am Donnerstag mit dem Hexentanz und der Vertreibung durch die Ahlande beginnen zu lassen. Sonntag und Montag gehörten den Festumzüglern und den Turnierrittern, ein Fast-

Elf närrische Pioniere trafen sich Anfang der dreißiger Jahre zum Fototermin. In ihren schwarzen »Ornaten« wirkten die Elferräte wie zirkuserprobte Magier. Die Würde des Augenblicks kennzeichnet die Mienen der Gründer.

Ab 1927 mußte mit ihnen in Rottenburg gerechnet werden: Ahlande, fortan die Integrationsfiguren für jeden, der sich dem Narren-Brauchtum in Rottenburg verbunden fühlte.

Fasnet 1938: »Fernäzes Haozeg« ist bei vielen Altnarren heute noch ein Begriff. Gruppenbild der Hauptaktivisten vor dem (heute abgerissenen) Haus von »Salz-August« Huber.

nachtsspiel wurde nicht mehr mit ins Programm genommen. 40 Gruppen zogen 1951 durch die Straßen und lieferten den 8000 Neugierigen einen kostenlosen Blick in die Welt: man sah ein »Weltraumkonferenzschiff« der Vereinten Nationen und den Protest eines Automobilclubs gegen die Benzinpreiserhöhung. Der Lastenausgleich für Kriegsgeschädigte wurde aufs Korn genommen, die Friseurinnung fragte neben den beiden Konterfeis von Truman und Stalin: »Wer seift hier wen ein?«, und der Fußballclub sorgte sich um die korrekte Durchführung der Entnazifizierung. Präsident Stemmler beschloß mit seinen zehn Räten im neuen Wagen den Zug, eskortiert von 30 Ahlanden. Wer zur Maskenredoute mit Prämierung wollte, hatte drei D-Mark zu entrichten. Beigesetzt wurde dieses Mal nur der Ahland, »wonach mit einem Schlag die ganze Fasnet ein Loch hat und wieder Ruhe im Städtchen einkehrt«, wie im »Ahland 1951« nachzulesen war.

Besonderes stand im Jahre 1952 auf dem Fasnets-Programm. Die Elferräte hatten sich die Zusage der Vereinigung der schwäbisch-alemannischen Narrenzünfte geben lassen, ihr Treffen in der Bischofsstadt abzuhalten. Und sie kamen! 40 Zünfte eroberten am Sonntag die kleine Stadt mit Sonderzügen, Bussen, Autos und Motorrädern und zogen weit über 30 000 Interessierte mit sich. Als erste stellten die Stockacher auf dem Marktplatz ihren Narrenbaum auf, während die Offenburger Hexen ein Tänzchen wagten. Im Verein mit den 17 Kapellen bildeten die 40 Zünfte einen bunt-grotesken Riesenwurm, der sich mit Getöse durch die Besuchermengen fraß. Gekommen waren u. a.: Die »Narro-Altfischer-Zunft« Laufenburg, die »Blätzlebuebe« aus Konstanz, »Kaujohle« und »Hänseler« aus Markdorf, »Narrizella Ratoldi« aus Radolfzell, »Poppele vom Hohenkrähen« aus Singen, die »Gole« aus Riedlingen und Hexen und »Schrättele« aus dem Schwarzwald und dem Badischen. So viele Masken und Kostüme bereiteten den Ahlanden große Mühe, ihr Heimatrecht zu wahren. Musikdirektor Karl Bengel führte die Stadtkapelle souverän durch das Notengetümmel der verschiedenartigen Narrenmärsche, denn jede Zunft hatte Wert darauf gelegt, unter den Klängen des eigenen Marsches den Besuchern vorgestellt zu werden. Neu bei dieser Fasnet war auch der Honoratioren-Empfang auf dem Rathaus; Minister, Landräte und andere Würdige ließen sich angesichts der Menschenmassen für die Dauer der Festlichkeiten gerne zum Narren machen. Narri-Narro, nun war die Fasnet endgültig nicht mehr das von den Behörden nur widerwillig geduldete Volksspektakel, sondern domestiziertes, allseits akzeptiertes Ver-rücktsein »im Namen und auf Rechnung« einer pluralistisch-toleranten Gesellschaft. Die Zunft der Narren ward Institution und durfte darangehen, den Verein auszubauen. Dazu gehörte, daß man versuchte, sich per Satzung ein markanteres Profil zu verleihen. Nicht zuletzt dadurch erhielt die Rottenburger Fasnet das Gesicht, wie es uns heute vertraut ist. Seit den fünfziger Jahren lief das Programm von Donnerstag bis zum Fastnachtsdienstag im Grunde gleich ab; es wechselten die Personen und die Ideen, die Grundidee – Pflege des alten Fasnetbrauchtums mit festgeschriebenen Codices, Kostüm- und Maskenordnungen, Pflichtveranstaltungen – blieb bis zum heutigen Tag bestehen. Dem einen, dem die Institution Fasnet »Heimat« bedeutet, zur alljährlich wiederkehrenden Freud, dem anderen, der in verkrusteter Vereinsstruktur »Unbeweglichkeit« sehen will, zum Leid. Nichtsdestotrotz: Die Fasnet lebt in Rottenburg, und das nicht schlecht! Dem wurde 1952 dadurch Rechnung getragen, daß man sich endlich entschloß, künftig als »eingetragener Verein« aufzutreten. Der damalige Präsident des Elferrats, Albert Frauz, folgte dem Beschluß der Mitglieder der Generalversammlung vom 23. November 1952 und stellte beim Amtsgericht den Antrag auf Registrierung der »Narrenzunft Rottenburg, Zunft zur Pflege alten Brauchtums e.V.«. Mit der Verfügung vom 27. Januar 1953, Nr. 85, entsprach das Gericht dem närrischen Wunsch der 500 Zunftmitglieder. Das Vereinsvermögen wurde mit DM 3400,– angegeben.

Stetig wuchs die Zahl der Aktiven. 1953 hoppten bereits

50 Ahlande durch die Gassen. Die historisierenden Lanzenstecher entledigten sich ihrer Pappmachépferdchen und bedienten sich echter Warmblütler. Gräfin Mechthild residierte als unangefochtene Herrscherin über allen Veranstaltungen; Prinz Karneval hatte ausgedient und durfte ins Rheinland zurückkehren, wo seine Wiege steht. Bis zum Jahre 1959 hatte sich der jährliche Besuchsstand bei 20 000 eingependelt. Die weiter wachsende Zahl der Ahlande, die bis dato mehr oder weniger ungeordnet durch die Gegend hopsten, erforderte eine Regulierung, der in ganz besonderer Art Rechnung getragen wurde. Der ungarblütige Gewerbeschulrat Johannes Czemmel komponierte im Jahre 1958 eine Musik mit dem Zweck, durch einen Tanz der Ahlande etwas Urwüchsiges zu schaffen, das man den Besuchern als Attraktion vorführen konnte. In Kooperation mit Helmut Grall als Choreograph wurde der Ahlandtanz 1960 uraufgeführt. Zwölf Schellennarren hatten im September mit den Übungen begonnen, um die 78 Marschtakte im Gedächtnis zu verankern. Die eigenartige Mischung aus derbem Hopsen und leichtfüßiger Geziertheit ist gekennzeichnet durch vier unterschiedliche Tanzphasen:
Vor-, Rück- und Seitwärtsbewegungen, abgelöst vom »Mühlrad«, bei dem je zwei Ahlande ihren Stecken zusammenhalten und sich polonaiseartig im Kreise drehen. Phase drei läßt dem Temperament der Tänzer freien Lauf und wurde deshalb mit einigem Recht »Ungestüm« benannt. Der vierte Teil, »Zick-Zack« getauft, leitet die erste Phase wieder ein. Musikalisch von der Stadtkapelle in Szene gesetzt, dauert das Tanzvergnügen drei Minuten und acht Sekunden. Die Aufführung, bei der bisweilen an die 100 Narren beteiligt sind, gilt heute als »choreographische Besonderheit«, die nicht nur von den Rottenburgern geschätzt wird. Nachahmer in anderen Zünften bestätigen den närrischen »Volltreffer«.
Einmal noch, im Jahre 1962, erforderten widrige Zeitumstände eine Einschränkung, die allerdings jeder selbstverständlich akzeptierte. Mit Rücksicht auf die Katastrophen der letzten Zeit – die Flutkatastrophe in Hamburg und das Grubenunglück in Völklingen – einigte man sich auf ein reduziertes Programm. Trotzdem kamen sonntags 20 000 zum Umzug. Die Fasnet endete am Rosenmontag. Ein Jahr später drängten sich bereits 40 000, die Großen dieser Welt – Kennedy und Chruschtschow, de Gaulle, Adenauer und den Maßhalter Erhard durch die Stadt fahren zu sehen. 1964 waren es schon über 1000 Aktive – 400 Maskenträger, 80 Gruppen und Wagen und zehn Musikkapellen –, die den Ruf der Narrenstadt festigten. Mit dem verglichen, was wir heute jedes Jahr in der Stadt erleben, gestaltete sich das Geschehen in den frühen sechziger Jahren eher zurückhaltend.

Narrenblüte

Seit 1967 ist die Rottenburger Fasnet eine weithin beliebte Massenveranstaltung. »Er war der Größte und der Schönste«, schrieb die Rottenburger Post am 6. Februar 1967 nach dem Umzug, dem 90 000 Verehrer und Neugierige aus nah und fern die Ehre gegeben hatten. Wenn früher die örtliche Polizei zur Verstärkung Landjäger anfordern mußte, versuchten die Ordnungshüter jetzt mit dem Einsatz von Hubschraubern und moderner Nachrichtentechnik erfolgreich, chaotische Zustände zu verhindern. Ein wesentlicher Faktor, der mit zur dauernden Attraktivität der Rottenburger Fasnet beiträgt, ist sicherlich der Umstand, daß man sich neuen Ideen gegenüber durchaus aufgeschlossen zeigt.
So führten Mitte der siebziger Jahre Verhandlungen von Narrenfunktionären und Straßenfasnetsaktiven mit Pfarrversammlung und Pfarrgemeinderat der St.-Moriz-Kirche zum Entstehen einer Zunftmesse, die den Fasnetsamstag erheblich aufwertete. Es sollte der verstorbenen Narren gedacht werden und unter dem Motto »Frömmigkeit und Fröhlichkeit« auch evangelischen Christen Gelegenheit gegeben werden, teilzunehmen. Ministranten und Vorbe-

ter stellt die Zunft, derem Meister obliegt die Pflicht der Lesung – die Hexen führen die Kollekte durch, die stets einer wohltätigen Organisation zugute kommt. Narrengewänder sind erwünscht, Masken dürfen jedoch nicht getragen werden. Allen Beteiligten war von Anfang an klar, daß nicht jedem die Idee behagte – und die Vorwürfe blieben in der Bischofsstadt nicht aus. »Äußerst geschmacklos« und als »Zumutung« und »Schande« empfand eine empörte Briefschreiberin die »Show«. Daß bei der Messe eine bekannte Jazzgruppe gospelte und swingte – in durchaus würdiger Aufmachung und Haltung – mag manchem Altkatholiken zuviel gewesen sein. Indessen heiligte der Besuchererfolg jedes weiteren Jahres das Vorhaben, und in der Zwischenzeit sind die Stimmen der Kritiker verhallt.

Mit einer völlig anderen Neuerung, die eigentlich eine Wiederbelebung war, gab es 1977 großen Ärger. Nach vielen Jahren war wieder einmal »Der Ahland«, das unabhängige Narren-Organ, erschienen. Im Editorial wiesen die anonymen Herausgeber »Neamed Reachter« darauf hin, daß Anfang der sechziger Jahre das Erscheinen dieses Blattes eingestellt worden sei, weil sich allzu viele über die darin enthaltenen Streiche erregt hatten. Daß das im Jahre 1977 nicht anders war, mußten die Narren-Redakteure sehr rasch erfahren, wenn auch die Meinungen zum Inhalt der Zeitung geteilt waren. Das Blatt war nämlich aufgemacht wie seine harmloseren Vorgänger, mit fingierten Witz-Anzeigen Rottenburger Geschäfte, Insidersprüchen und Nonsensgedichtetem. Daß die von ihren sprühenden Ideen euphorisierten Schreiber jedoch hart unter die Gürtellinie gingen und mit offensichtlich wachsender Begeisterung dort verharrten, wurde nicht widerspruchslos hingenommen. Zotige Sprüche, Fäkalsprache und Diskussion über Empfängnisverhütung im Schatten des Doms, das waren stilistische Expeditionen, die den Sturm geradezu provozierten. Dies schien den Autoren – drei ehrenwerten Bürgern der Stadt – von Anfang an bewußt gewesen zu sein, denn sie stellten ihr Werk als die »seit langem wieder erste und vielleicht schon wieder letzte Narrenzeitung« vor. Im Rathaus war man »sauer«, der Pfarrer von St. Moriz sagte die Zunftmesse ab, der Narrenrat distanzierte sich in aller Form und öffentlich, die Messe fand dann doch noch statt, und der »Ahland« wurde von den verunglückten Witzbolden nach neun Tagen eiligst wieder eingezogen. Ob wohl mal wieder ein »Rautaburger Ahland« erscheint? Vielleicht das nächste Mal unter den Fittichen der Zunft, die verantwortlich zeichnet und möglichen bösen Schreibebuben vor ihren Taten das Bier wegnimmt? Eine jährliche schriftliche Dokumentation ihrer Streiche wäre der Zunft und ihren sympathisierenden Mitnarren zu wünschen. Wie rasch ist das, was zurückliegt, vergessen, und wie schwierig gestaltet sich dann die Suche nach den Wurzeln von Sitten und Gebräuchen, die sich in Rottenburg mehr als 500 Jahre gehalten haben; trotz Behördenrepressionen, Katastrophen, Kriegen und ähnlichen Fasnetverderbern.

Für die Zukunft scheint dem närrischen Treiben kaum Gefahr zu drohen. Die 500 Jahre Narrendasein stecken den Bürgern der Stadt Rottenburg so tief im Häs, daß wohl nur die höchste Macht auf dieser Welt hier Einhalt gebieten könnte – und mit dieser Instanz haben sich die frommen Narren der Bischofsstadt glänzend arrangiert. Weitere 500 Jahre scheinen gesichert. Oh was Bogges!

Die Fasnet heute

Organisation, Figuren

Die Satzung vom 22. Januar 1969 definiert die Rechte und Pflichten, Aufgaben und Funktionen der Fasnetsgruppen und der Einzelmitglieder. Als Aufsichtsorgane der Zunft wurden bestimmt:
Die Mitgliederversammlung, die vom Zunftmeister einmal pro Jahr zusammengerufen wird. Ihr unterliegen neben der Wahl des Narrenrates und der Kassenprüfer die Entlastung der geschäftsführenden Organe, Satzungsänderungen und die Entscheidung über alle Vorgänge, die für die Zunft von existentieller Bedeutung sind.
Der Narrenrat als Verwaltungs- und Beratungsorgan der Zunft. Hier sitzen die Mitglieder des Vorstands, die Gruppenführer der Maskenträger und elf weitere Mitglieder. Der Narrenrat beschließt über alle Zunftangelegenheiten zwischen den Mitgliederversammlungen. Die rotsamtigen Funktionäre koordinieren, delegieren und »fahren« den Haushaltsplan.
Der Vorstand. Vom Narrenrat jährlich in ihr Amt gesetzt, verteilen sich die Aufgaben der Vorstandsmitglieder wie folgt:
Der Zunftmeister vertritt als erster Vorsitzender die Interessen der Zunft nach außen und innen.
Der Zeremonienmeister überwacht die Einhaltung althergebrachter Sitten und Gebräuche und besorgt das Geschäft der Ordensverleihungen.
Der Ratsaktuar verfaßt die Protokolle der Sitzungen, leitet den gesamten Schriftverkehr und ist gehalten, die Chronik der Zunft zu führen.
Der Säckelmeister führt die Bücher, unterhält die Kasse und legt jährlich seinen Wirtschaftsbericht vor.
Mitglied der Narrenzunft Rottenburg e.V. kann jede unbescholtene Person über 18 Jahre werden. Fünf Gruppen bilden das Rückgrat des Vereins – wohlgemerkt nicht der Fasnet an sich –, denn die große, amorphe Gruppe der spontaneisierenden Straßenfasnetsbegeisterten steht nicht unter der Vereinsdisziplin der Zunft.
Die erste und größte aller Gruppen stellen zweifellos die Weiß-Schellennarren. Laut Satzung sind sie die Hauptfiguren der Rottenburger Fasnet, deren »Dienst« vom »Schmotziga Daoschdig« bis zum Fasnetsdienstag, 24 Uhr, währt. Ihre Aufgaben bestehen in der Hexenvertreibung, Redoutenmitwirkung, Ahlandtanzvorführung, Festzugbegleitung und allgemeinen repräsentativen Pflichten. Eine besondere Gruppenordnung, von den Gruppenführern erarbeitet, regelt das Miteinander. Um Auswüchsen in der Maskengestaltung und der Kostüm-Kreation entgegenzuwirken, hat der Narrenrat am 22. April 1970 eine Maskenordnung erstellen lassen. Darin findet sich die genaue Beschreibung aller Maskentypen.

Die Ahlande

Hermann Fischer betont in seinem »Schwäbischen Wörterbuch«, daß das Wort »Ahland« nur in der Stadt Rottenburg/Neckar vorkomme. Abzuleiten sei es vom mittelhochdeutschen »Valant«, das heißt »Teufel« oder »Dämon«, eine Herleitung, der sich auch Sebastian Blau in seiner »Rottenburger Hauspostille« anschloß. Modell für den Ahland stand eine alte Schreckmaske aus der Zeit der Renaissance, deren Herkunft entgegen vielfältigen Spekulationen keineswegs geklärt ist. Seit den zwanziger Jahren unseres Jahrhunderts wurde die Steinfratze vom Jägerhaus beim »Preußischen« mit dem alten Rottenburger Wort-Begriff »Ahland« in Deckung gebracht. Sowohl Profis wie auch Amateure schnitzen in kunstvoller Kleinarbeit fleischfarben abgetönte Lindenholzmasken, für die heute über 300 Mark zu berappen sind. Die Fratzen werden aus einem Block von Lindenholz »herausgeholt« und so lange geschnitzt, gefeilt und geschmirgelt, bis die Holzlarve anatomisch einwandfrei sitzt. Manche verwenden zum Bemalen noch Naturfarben, die in zeitraubendem Verfahren der Maske ihr endgültiges Gesicht geben. Die Lippen werden rot bemalt, Haare und Spitzbart dunkelbraun, die Hörnchen am Kopf schimmern stahlgrau. Erst in letzter Zeit wurde der Häs-Bemalung besondere Aufmerksamkeit gewidmet. Da sich die Motive, welche die Amateurkünstler ihren Gewändern aufmalten, in alle Stil- und Formrichtungen entwickelten, suchte der Gruppenführer im Verein mit kundigen Sympathisanten nach geeigneten Motiven, die für die Veredlung der (noch!) groben Malermontur zwingend vorgeschrieben sind. Abbildungen aus Hermann von Sachsenheims »Mörin« beflügelten die Phantasie, so daß nun folgendes gilt: Auf der Brustseite thront Gräfin Mechthild, umgeben von zwei Hofdamen; den Rücken ziert das alte Wappen der Grafschaft Hohenberg. Auf dem linken Ärmel prangt das weinblattumrankte Rottenburger Stadtwappen, auf dem rechten Ärmel das hopfenblattumsäumte Ehinger Stadtsymbol. Die Hosenbeine vorne zeigen zwei lanzenstechende Turnierritter, hinten erheben sich wahlweise das Kalkweiler Tor, das Kapuzinertor, Pulver-, Schütte- oder Diebsturm. Die Ahlande treffen sich im Spätherbst zum gemeinsamen Bemalen ihrer Gewänder im Zunfthaus. Mit sachkundiger Anleitung und unter Zuhilfenahme von Schablonen gelingt es, den Kostümen das erwünschte einheitliche Aussehen zu verleihen.

Zusammen mit der Maske und dem zottelbehangenen Schaffell ist der Grundtypus des Ahlands damit beschrieben; als Utensilien kommen noch dazu: vier bis sechs kreuzweise über die Schultern gelegte Ledergehänge, an denen ungefähr 60 Stahl- oder Messingglocken hängen, eine Kuhpeitsche – unten Kuhschwanz, oben »Saublodr« – von 65 Zentimetern Länge für die rechte Hand, eine Bonbonbüchse für die Linke. Weiße Handschuhe, ein rotes Halstuch und schwarze Schnürschuhe vervollständigen die weithin bekannte Symbolfigur der Rottenburger Fasnet, deren Zahl sich bis heute auf ca. 500 beläuft.

Die Hexen

Die zweite und zugleich kleinste der Gruppen stellen die Rottenburger Hexen. Ist ihre Zahl auch nur auf 21 beschränkt, sind sie doch über die gesamte Zeit der Fasnet hinweg merkbar präsent. Wer Hexe werden will, muß männlichen Geschlechts sein, mindestens 18 Lenze auf dem Buckel haben und zuvor noch ein Jahr der Probe bestehen. Ist die Hexe aufgenommen, besorgt sie sich eine Maske aus Lindenholz mit Naturhaaren und ein Kostüm, dessen Ordnung von der Gruppe vorgegeben ist: weiße Spitzenunterhose, farbig-gestrickte Strümpfe, Rock und Bluse, Schürze, Halstuch mit Ring, Strohschuhe, schwarze Fingerhandschuhe, drei Hexenwappen, eine Erkennungsnummer. Für die einzelnen »Charakter«-Masken wurden folgende Utensilien bestimmt:

    Oberhexe Susann mit Laterne und Stock
    Feuerhexe Traudele mit Fackel und Besen
    Kräuterhexe Hulda mit Korb und Stock
    Zauberhexe Uschel mit Stab und Besen
    Kartenschlägerin Hannele mit Karten und Besen
    Trinkhexe Doggele mit Holzkrug und Besen

Kesselhexen Annele und Kätherle mit Kessel und Besen
Heuberger Hexe mit Reisigbesen
Teufel mit rotem Kostüm und Dreizack
Nachtwächter mit Hellebarde und Laterne
Beihexen mit Besen

Wie alle anderen Gruppen der Narrenzunft ist auch die Hexengesellschaft demokratisch strukturiert, mit einer Aufgabenverteilung, wie sie bei jedem beliebigen Verein in Anwendung kommt. Ihre Daseinsberechtigung suchen die originellen Besenwichte in alten Sagen und Geschichten rund um den Heuberger Turm, die durch die Heimatpoeten Heinz Eugen Schramm und Josef Eberle überliefert und aufbereitet worden sind. Die Rottenburger Stadthexen treten bereits am Dreikönigstag zum Abstauben der Masken und der Zunftmitglieder und zur Verkündigung der Fasnet in den Lokalen auf. Höhepunkt ihres Wirkens ist der Hexentanz am »Schmotziga Daoschdig«, aber auch die Auftritte bei den Redouten, Umzügen und Veranstaltungen im sozialen Bereich können sich sehen und zuweilen auch fühlen lassen. Ein wesentlicher Bestandteil ihres Erfolgs ist gewiß in der geringen und damit geschlossenen Mitgliederanzahl zu suchen. Die Gruppe ist überschaubar und kommunikationsfreudig: Wer Rottenburg zur Fasnet heimsucht, wird spätestens dann, wenn eine der Hexen in seiner Nähe auftaucht, aus seiner passiven Gafferrolle auf irgendeine Art ins närrische Durcheinander hineingehext.

Historischer Teil

Gräfin Mechthild, offizielle Repräsentantin der Rottenburger Fasnet, gilt zusammen mit dem Hofnarren, ihrer Hofmarschallin Gräfin Barbara und dem Grafen Eberhard im Bart als Hauptfigur des Historischen Teils. Man orientiert sich am echten historischen Vorbild: dazu gehören Jäger, Hofdamen, Fanfarenbläser, Magistratsbeamte und die Pagen. Da Gräfin Mechthild sehr geselligen Verkehr mit einer Vielzahl von bedeutenden Geistern ihrer Zeitgeschichte unterhielt, steht einer potentiellen personellen Erweiterung der Gruppe von daher nichts im Wege. Der Gewandmeister liefert die Vorlagen für die Kostümfertigung, die modisch dem Stilempfinden des 15. Jahrhunderts gerecht werden soll. Die Zunft bezahlt die teuren Stoffe, die Herstellungskosten haben die Träger zu übernehmen. Der Historische Teil wird »regiert« von einem Gruppenführer und einem Ausschuß, dem auch die Gräfin samt Hofnarr Halberdrein angehören. Neuaufnahmen und Wahlen werden intern geregelt; nur die Gräfin Mechthild und ihr spitzfindiger Hofnarr werden – ihrer Bedeutung gemäß – direkt vom Narrenrat erkoren. Da die Mechthild in heutigen Zeiten »unbescholten« sein muß, kann es ihr – bei allzu getreuer Kopie ihres lebenslustigen Vorbilds von 1452 – passieren, daß ihr von der Gruppenversammlung das Mißtrauen ausgesprochen wird. Der Narrenrat hat sich in diesem Fall den Kopf darüber zu zerbrechen, wo die Dame sitzt, die dem Rottenburger Sittenkodex des 20. Jahrhunderts souverän Genüge leisten kann. So will es die Ordnung der Gruppe, und so wird sie auch durchgeführt. Die Aufgaben des Historischen Teils sind vorwiegend repräsentativer Natur. Bei allen Zunftfestivitäten wirken sie mit in glanzvoller Aufmachung, mit vollendet einstudierten Gebärden und Tänzen, und sie gestalten am Donnerstag auf dem Rathaus und während der Festhallenredouten einen würdigen Hintergrund für die Begrüßung der Gäste und die Ordensverleihungen. Selbstverständlich sind die »Historischen« auch bei den Umzügen mit dabei; würdevoll, gemessenen Schrittes begleiten sie den Wagen ihrer Gräfin und belegen durch ihr Auftreten eindrucksvoll, daß die Rottenburger Fasnet ihre Ausprägung, ihre Ideen und ihr Selbstbewußtsein aus vielhundertjähriger närrischer Tradition schöpft.

Die Laufnarren

»So mancher wäre gerne eine Hexe,
denn davor fürchten sich die Leut' so sehr,

der andere wäre ja so froh,
wenn er ein Ahland wär'...«
»I will koi Pompele und au koi Hofnarr sei,
des leuchtet au ma echta Rautaburger ei.«
Wer so selbstbewußt von sich singt und ausdrückt, was er nicht sein will, von dem wird eine klare Haltung in allem, was er tut, erwartet. Und, sagen muß er's:
»I möcht' so gern in Rautaburg der Oberlaufnarr
sein,
der Oberlaufnarr sein, der Oberlaufnarr sein,
dann springen mir beim Umzug alle Kinder hinter-
drein,
i möcht' so gern in Rautaburg der Oberlaufnarr
sein!«
Die fragmentarische Wiedergabe des Laufnarrenliedes weist die Richtung: Eigenständigkeit und Sozialengagement. Sie sind weder »Weiß-Clowns« noch »Circus-Clowns«, die Laufnarren der Zunft, und sie suchen und finden ihre Tradition in der Figur von Gräfin Mechthilds neckisch-frivolem Ofenheizer Halberdrein. Früher, vor dem Kriege, profilierten sie sich noch als Vorhut beim Umzug und verkauften die Abzeichen, schafften also Geld für alle heran und pflegten zugleich den Kontakt zur Bevölkerung. Besondere Vorkommnisse unterm Jahr hielten sie fest und griffen sich die Urheber dann während der Fasnet, an der sie Rechenschaft forderten. Da viele dieser Opfer nicht »komisch«, sondern »seltsam« reagierten, wurde die liebgewordene Sitte solchen Anonymitätsbruchs eingestellt. Heute verstehen sich die Laufnarren als Bindeglied zwischen den Maskenträgern und den Zuschauern, und wieder bemühen sie sich, Distanz zu verringern. Sechs »Bogges« haben sich nach dem Krieg zusammengetan, haben die Zunftutensilien gehütet und somit den Grundstein für das Wiedererwachen des organisierten närrischen Betriebs gelegt. Seit zwanzig Jahren tragen sie ihre leuchtend-bunte Montur, die zwar einheitlich aussieht, keineswegs aber gleich ist: einfarbige Hose, buntkarierter Frack, Ringelsocken, Echthaarperücke, Fliege, Halstuch und weiße Handschuhe. Wer sich übers Jahr einen Bart hat stehen lassen, muß ihn spätestens am 11. 11. von den anderen abnehmen lassen. Dann wird es nämlich Zeit für den Schminkkurs, der von dreien aus der Gruppe angeboten wird. Hier erhalten die Laufnarren ihr charakteristisches Aussehen, ihren riesigen, stets lachenden Clown-Mund; gleichzeitig werden die Aktivitäten für die kommenden närrischen Tage vorbesprochen. Wer »Sinn für Humor« hat und 18 Jahre alt ist, darf sich nach zweijähriger Probezeit um eine Mitgliedschaft bei den Spaßmachern bewerben. Gleichfalls am 11. 11. findet die Vereidigung der neuen Mitglieder statt. Nach Ablegung des Laufnarreneids (Auszug: »Ich glaube an die Zunft und ihr Gesetz, ich diene ihr mit Frohsinn und Geschwätz«) erhalten die Neuen vier Schläge mit dem Narrenhammer und dürfen sich fortan als vollwertige Laufnarren fühlen. Die Gruppenordnung von 1971 definiert die Rechte und Pflichten: Laufnarren müssen die Bevölkerung Rottenburgs mit Witz und Humor auf die Fasnet vorbereiten, indem sie ab Dreikönig durch die Stadt streifen. Sie haben bei allen Zunftveranstaltungen mitzuwirken, besonders beim Rosenmontags-Narrensamenumzug und bei der Fasnetverbrennung. Daß sie sich sonst auch noch um die Senioren und ihre Bewirtschaftung in der Festhalle kümmern, ist »Bogges«-Ehrensache. Eigentlich überall dort, wo Not am Narren ist, finden sich einige der 50 Aktiven, die dafür sorgen, daß es weitergeht. Zu einem weiteren Ansporn erhalten die Mitglieder neuerdings Aktivplaketten für Teilnahme und Mitarbeit an Veranstaltungen.
Denkt man an die Zeit vor den Kriegen, so war in Rottenburg eigentlich jeder »Bogges« genannt, der sich als lustiger Narr gerierte, im Gegensatz zum »Ahland«, dem unheimlichen, dämonischen Narrentyp. Heute ist der »Bogges« der Laufnarr, der singt, lacht, in Fettnäpfe tritt und den Menschen den Spiegel vorhält. Und vergessen wir hier nicht die phantasievollen Einfälle derer, die als Unorganisierte mit ihren exotischen Kostümen eine lebendige Straßenfasnet garantieren. Jeder tritt so auf, wie es ihm zumu-

te ist und führt inmitten der Zunftfasnet sein närrisches Eigenleben. Was aber keineswegs heißen soll, daß man nicht gemeinsam am närrischen Strang zieht. Die Zunft ruft jedes Jahr zur Teilnahme an der Straßenfasnet auf und bittet aus ordnungspolitischen und versicherungstechnischen Gründen um die Anmeldung der Teilnehmer. Sie sind in gewisser Weise auch als Laufnarren zu bezeichnen; wer an der Straßenfasnet teilgenommen hat, von dem wird gesagt: »Der isch' letztes Jahr au gloffa.« In Rottenburg sind ihre Streiche und Unternehmungen – gleich, ob organisiert oder nicht – zur Tradition geworden, und jeder, den die Laufnarren auf die Schippe nehmen, bekundet augenzwinkernd Toleranz: »Oh was Bogges!«

Die Pompele

Das »Pompele« ist das jüngste Kind der Rottenburger Narrenfamilie. Als Bauarbeiter im Jahre 1967 die Steinfratze am Pulverturm ausgruben, wußte keiner so richtig, was damit anzufangen war. Der Kunstmaler Alois Stehle, als Ahland-Schnitzer wohlbekannt, sah in der Renaissanceschöpfung die Vorlage für einen völlig neuen Ahland-Typus. Der »Egner Ahland«, wie er zunächst genannt wurde, besticht durch seine sehr fein herausgearbeiteten Gesichtszüge und die eigenartigen, nach innen gerollten Widderhörner. Als man der Maske dann noch einen weißen Anzug samt Fell und Riemenpeitsche verpaßte, vergaßen die Alt-Ahlande im Zorn ihre eigentliche Aufgabe, die Hexenjagd, und knöpften sich die ungeliebten Konkurrenten vor. Gewissermaßen nur unter Sicherheitsvorkehrungen konnten die Narren-Pioniere am Umzug von 1973 teilnehmen. Um sich die Ahlande vom Halse halten zu können, ersannen sich die Widdergehörnten ein neues Häs. Die Larvenfellhaube wurde schwarz, Kittel und Hose schnitten sie aus braunem Teddy-Stoff. Aus der Peitsche wurde eine Klapper, die für ohrenbetäubenden Lärm sorgt. Auf das Geschell wollten sie indes nicht verzichten, und warum auch? Schließlich ist der Schellennarr eine der Hauptfiguren im Narrenfundus der schwäbisch-alemannischen Zünfte. War nun der Narr geschaffen, mußte ein Name her. »Egner Ahland« hätte wohl die »Saublodra« erneut auf braunen Rücken tanzen lassen; schließlich fand man in Meiers »Schwäbischen Sagen« die Geschichte vom »Pompele«, einem dienstfertigen Kobold, der laut Sebastian Blau im Keller des »Römischen Kaisers« seinen Schabernack mit denen trieb, die sich hierher verirrten. Damit war das »Pompele« aus der Taufe gehoben. Nach langem Gezerfe auf der Hauptversammlung der schwäbisch-alemannischen Narrenzünfte in Engen-Welschingen im Jahre 1978 setzten die Rottenburger die Anerkennung ihres zweiten Schellennarren durch. Seit 21. April 1979 darf sich die Stadt der Streiche dieses gutmütigen Klopfgeistes erfreuen, zumal seine Zahl beständig wuchs und bis heute 80 Vernarrte umfaßt. Nach der Gruppenordnung soll die Gesamtzahl der Pompele bei 100 eingefroren werden, damit die Überschaubarkeit gewährleistet bleibt. Gegenüber der drückenden Ahland-Übermacht heißt es für die Braunen zusammenzustehen. Grund genug, einmal im Monat den Stammtisch zu besuchen, der für schützende Gruppenintegration nicht nur in Zeiten toller Tage sorgt.

Der Narrenrat

Zuletzt seien noch einmal genauer die Aufgaben des Narrenrats beschrieben. Aus dem früheren Elferrat sind 20 Funktionäre geworden, die bei einem Mitgliederstand der Zunft von 1000 Narren selten über Langeweile klagen. Neben die eingangs erwähnten traditionellen Aufgabenbereiche traten bis heute dazu: Technik, Beitragseinzug, Pressearbeit, Zunfthausbewirtung, Festzugorganisation, Werbung. Die heikelste Aufgabe liegt sicher in der Gelderverwaltung und -anlage. Daß die Narrenzunft kein notleidender Zuschußbetrieb mehr ist und sich als gesunder Verein mühelos selbst tragen kann, ist jedem bekannt. Bereits 1974 hatten sich die Zünftler unter Walter Müller entschlossen, ihre Fasnetseinkünfte in einem Anwesen in

1936 traf sich die Narrenzunft »An den Quellen des Nils«. Gastgeber Pharao lud in den exotisch gestalteten Festhallen-Palast.
Reiterspiele auf dem Marktplatz gehörten seit den dreißiger Jahren bis in die fünfziger zu den beliebten Ritualen in der Rottenburger Fasnet.

Die Renaissance-Fratze am ehemaligen Jägerhaus beim »Preußischen« verhalf den Narren der ersten Stunde zu einer willkommenen Vorlage für ihre Renommierfigur: den Ahland (links oben).

Im Jahre 1968 aus dem Erdreich befreit, ist der Tierkopf heute zur vertrauten Narrenmaske geworden: das Pompele (links unten).

Profis wie Amateure wetteifern beim Schnitzen der Lindenholzmasken um die Gunst der Narren. Allgemeine Vorschriften sollen den Masken heute zu einem einheitlichen Aussehen verhelfen (oben).

Weiler anzulegen. Als der Nachfolger, Zunftmeister Moll, seine Narrenkollegen mit der Nachricht überraschte, er habe in zentraler Lage – Seebronner Straße 6 – ein altes Fachwerkgebäude für die Zunft erworben, zögerte man nicht lange, griff noch einmal tief in den Säckel, veräußerte das Weiler Gebäude und übernahm den Bau, der in Eigenregie in ein prächtiges Zunfthaus umgewandelt wurde. So hat sich das Rottenburger Narrenvolk ein Denkmal voller symbolträchtiger Bezüge zur eigenen Geschichte gesetzt: Alter, Tradition, Solidität, rustikaler Glanz und Originalität. Ein Museum ist für die Zukunft in den Räumen dieses Narrenzentrums geplant, Anstoß für jeden Bürger der Stadt, in alten Kisten zu »kruschteln« und nachzuschauen, was er zur Präsentation der Rottenburger Narrengeschichte beitragen kann. Denn Fasnet heißt nicht nur Festen, Feiern und Verkleiden, sondern ist eine in langer Zeit gewachsene Kultur, an der alle teilhaben dürfen und sollen.

Elferratspräsidenten und Zunftmeister
seit dem Bestehen der Narrenzunft:
1. Lucian Grall
2. Dr. Heinrich Büttgen
3. Viktor Stemmler
4. Albert Frauz
5. Konrad Weinmann
6. Alfred Baumgärtner
7. Walter Müller
8. Rolf Moll

Ablauf

»'s goht dagega«

Wie die meisten Fasnetsbesessenen im schwäbisch-alemannischen Raum haben auch die Rottenburger den 6. Januar, Dreikönig, zum Stichtag für den offiziellen Beginn ihrer närrischen Aktivitäten auserkoren. Ab sofort hält man sich zunehmend mehr an Normen, Regeln und Gesetze, die im alltäglichen Leben des »Rest«-Jahres kaum Ausführungs- und Anwendungschancen hätten.

Das Rottenburger Zunfthaus erstrahlt am Abend in festlicher Illumination. Der große Versammlungssaal, in der Sitzordnung einer mittelalterlichen Trinkstube nicht unähnlich, füllt sich mit Gästen in zivilem Sonntagsstaat; ver-kappte Narrenräte – schwarzer Anzug, rote Fliege – sorgen wie aufgeregte Bienen beim Ausschwärmen ihrer Königin für spannungsvoll-geschäftige Unruhe. Gerade heute ist es kein »gewöhnlicher« 6. Januar, an dem die alljährlich wiederkehrenden Prozeduren vollzogen werden. Es hat sich herumgesprochen, daß eine neue Gräfin ins närrische Regierungsamt eingewiesen werden soll. Die Modalitäten der Inthronisation regelt der Zunftmeister. Als äußeres Zeichen der gräflichen Macht verleiht er ihr das Szepter – wie sonst sollte sich die Zivilgewandete vom Volk abheben können? Der Zunftmeister wiederum wird vom Zeremonienmeister mit seinen vielfältigen Geschäftsführungs- und Repräsentationsaufgaben betraut, und der Hofnarr erhält mit seinem Pseudo-Szepter, der Marotte, ein Ego, welches nach mittelalterlicher Überzeugung das Wesen des Narren für alle sichtbar symbolisiert: Die Abkehr von den heilbringenden Werten der Christenheit und die Hinwendung zur gottungefälligen Selbstliebe. Spiegel der Selbsterkenntnis für Versucher und Versuchte? Wohl kaum, denn die gibt's in einer Bischofsstadt so gut wie nicht, und der glaubenskonforme Verlauf der Fasnet hier gebietet, daß selbst des Obernarren »Halberdrein« Späße und Tollereien nicht im Widerspruch zur kirchlichen Lehre stehen. Der Narrenmarsch, der in vielen Ohren noch ungewohnt und fremd klingt, beendet die Zeremonien und gibt den Stadthexen von Rottenburg das Signal zum Großreinemachen. Losgelassen auf die Anwesenden, werden Narrenkappen, kahle Köpfe und Schultern, bisweilen auch attraktive Damenbeine abgestaubt – und der ebenfalls anwesende Oberbürgermeister der Stadt, dem von nun an klar sein sollte, daß seine Tage als höchste Autorität des weltlichen Rottenburg gezählt sind.

Sowie die offenbar besonders staubbedeckten Zünftler in närrischer Jungfräulichkeit erstrahlen, stürmen die inzwischen komplett vernarrten Hexen die Lokale der Stadt, damit auch draussen jeder merke, was die Stunde geschlagen hat. Mit diesem Tag ist der Anfang gemacht, und jeder hat sich nun seiner Aufgaben in der Fasnet zu besinnen und entsprechende Vorkehrungen zu treffen.

Doch bis es wirklich soweit ist, müssen noch einige nüchterne Alltagswochen überbrückt werden, die sich die Rottenburger allerdings recht erträglich gestalten. Auslandsbesuche, das heisst Schaffung internationaler Kontakte zu befreundeten und sympathisierenden Narrenvereinigungen dienen der zwischenfastnächtlichen Kurzweil. So »hoppen« in dieser Zeit Ahlande durch die französische Bäderstadt Vichy, oder es fegen die Stadthexen der Bischofsstadt über die mondäne Strandpromenade in Nizza. Das Karussell der Rottenburger Narrenzunft kommt auf diese Weise langsam aber stetig in Schwung, bis es endlich soweit ist: »Schmotziger Daoschdig«, Auftakt einer närrischen Woche voll bunter Vielfalt und erfrischender Exotik, die Belebung alter und neuer Bräuche – »Fasnet hemmer!!«

»Schmotziger Daoschdig«

Wie verändert sich die Stadt an diesem Tag! Der bis dahin von kleinstädtischem Verkehr beherrschte Marktplatz wird zur Agora, zum öffentlichen Treff der Narren und närrischer Aktivitäten. Kleine Blasmusikgruppen, die ihre Entstehung fleissiger Privatinitiative oder ehrenheischender Vereinsdisziplin verdanken, beschallen Flächen und Winkel der Kernstadt. Sämtliche Lokale sind natürlich geöffnet und laden zum nachmittäglichen Schoppen bei Volks- und Popmusik. Und jeder, der sich der Fasnet zugehörig fühlt, hängt Fahnen, Wimpel und bunte Lappen aus den Fenstern seines Heimes; kaum einer, der da nicht dabei sein will, in irgendeiner Form, mit irgendwelchem Schabernack.

Trotz der Vielzahl individuell kostümierter Müssiggänger, die vielleicht noch etwas verloren dem Sinn und Zweck ihres neugeborenen närrischen Daseins hinterherlaufen, bleiben Zweifel: Ist das jetzt schon – oder möglicherweise die ganze – Rottenburger Fasnet? Eine sonderbare Stimmung macht sich gegen Abend breit, ein Spüren und ein Ahnen, und es ist, als ob die Stadt in Lauerstellung auf etwas Kommendes verharrt, etwas, das sich unausgesprochen in den Mienen der Wartenden widerspiegelt. Im Rathaus stehen alle Zimmer offen, Besucher werden gastfreundlich bewirtet, der Oberbürgermeister empfängt private närrische Delegationen und macht überhaupt den Eindruck, als habe er auf die Nutzung seiner kraft Amtes erworbenen Privilegien bereits verzichtet. Narrenräte schauen auf einen Sprung herein und lassen sich vom gleichfalls fasnetswilligen Rathauspersonal kleine Snacks und ein Gläschen Sekt zum »Small-talk« reichen.

Gegen 19 Uhr drängt sich das Volk um die Absperrgitter des Marktplatzbezirks. Da entsteht hektische Betriebsamkeit, beinahe Nervosität, eine Blaskapelle zieht auf. Der Narrenmarsch! Wie lange war dieser zackige Stimmungsmacher, der seine Verwandtschaft mit preussischen Parademärschen kaum leugnen kann, nicht mehr zu hören, und wie oft wird er nun den Fasnetsbetrieb anheizen?! Jetzt goht's dagega, und das ist ernst gemeint. So ernst, dass manche Rottenburger Nachbarn, die über die Jahre hinweg als unversöhnliche Feinde kein Wort mehr an den anderen gerichtet haben, nun plötzlich ihre Sprache wiederfinden und den Mitnarren im Gegenüber entdecken. Wobei allerdings anzumerken bleibt, dass die närrische Kommunikation spätestens am Aschermittwoch ihr abruptes Ende findet. Der Narrenmarsch ist es, der den Rottenburgern ihre fastnächtliche Identität verleiht, er ist eine rottenburgspezifische Hymne, und eben keine andere und bedeutet mithin für die Bürger ein Stück Heimat. Natürlich wird am »Schmotziga Daoschdig« die Proklamationsveranstaltung auf dem Marktplatz mit diesem Marsch eröffnet. Freudestrahlend erscheint der Zunftmeister im Gefolge der samtgewandeten Narrenräte, überall ein Winken und ein Jubeln, nun folgt ein Schlag auf den anderen.

Gemeinsam mit dem Narrenrat zieht, angeführt von Gräfin Mechthild und ihrem Hofnarren, der Historische Teil auf. Fahnenschwenken begleitet den Auftritt der Hofdamen, Grafen und Jäger, die gemessenen Schrittes, mit anmutiger Grandezza dem jubilierenden Volk die frenetisch beklatschte Ehrenrunde schenken. Die Eroberung des Rathauses vollzieht sich mühelos. In seiner Vorsorge, daß die neuen Herren des Rathauses offene Türen einrennen, erweist sich das Rottenburger Stadtoberhaupt einmal mehr als narrensicher. So steht der Proklamation durch die Gräfin nichts mehr im Wege. Als hoheitsvolle Schirmherrin der Veranstaltung eröffnet Mechthild, Gräfin von Hohenberg, die tollen Tage in Rottenburg: »Ich rufe hiermit die Fasnet aus und grüße Euch mit dreifachem Narri-Narro!«

Halberdrein, der Hofnarr sekundiert:

»Ab sofort isch's Regiment
von dera Stadt in meine Hend
I hau da Schlüssel,
's isch wieder soweit
in Raudaburg isch Narrazeit.«

Die nachfolgende Aufforderung zu hemmungslosem Festen quittiert das närrische Volk mit begeistertem Narri-Narro. Dann ist nichts mehr zu halten. Über die Lautsprecher ertönt ein Trommeln und ein Heulen, die Laufnarren drängen vorwitzige Zuschauer in die Reihen zurück, es kommt die wilde Zeit der Maskenträger. Als erste Gruppe fallen unter ohrenbetäubendem Schellengetöse die Pompele ins Marktplatzgeviert ein und machen sich augenblicklich daran, die Umstehenden, derer sie habhaft werden können, zu zupfen und zu zwirbeln, zu zwicken und zu zwacken. Sie versammeln sich im Kreis, hopsend und wedelnd, und vollführen ein dunkelbraunes, nächtliches Spektakel von eigenem Reiz. Ein Sprecher erzählt von der Tribüne aus über Mikrophon vom Treiben der Pompele, wie es der Rottenburger Heimatdichter Sebastian Blau in mundartlicher Versform festgehalten hat. Da ist die Rede vom Keller des Kaiserwirts, in dem um Mitternacht ein Rasseln und ein Rumpeln zu vernehmen ist; wer in die Fänge dieses hartnäckigen Klopfgeistes gerät, muß mit allerlei Belästigungen rechnen:

»Er stellt oam de Fuaß, er sprengt oam ens Gnick,
ond packt oan am Hals, daß ma beinoh verstickt.«

Solche und noch manch andere Umtriebe finden in grausliger Finsternis statt, und wer den Pompele ausgeliefert ist, bleibt orientierungslos, hört allenfalls ein Lachen und Grunzen und ganz sicher das Rollen von Wein-, Bier- oder Mostfässern, in deren Nähe sich die braunpelzigen Schellengeister offenbar besonders wohl fühlen. Während der Tribünensprecher in drastischer Dialektsprache die Ängste des ahnungslosen Kellerbesuchers zum Ausdruck bringt, werden die übermütigen Geister aktiv und ziehen einen Faßwagen über den Platz, der augenblicklich zum Zentrum des närrischen Geschehens wird. Es ertönt wieder der Narrenmarsch, und mit eben jenen verhalten wirkenden Sprüngen, die einerseits den verkehrten Gang in der Fasnetszeit symbolisieren, andererseits für machtvoll klingendes Schellengeläute sorgen, ziehen die Träger der jüngsten Rottenburger Maske in ihr Rathaus: »Jetzt glaubet 's wohl, daß beim Kaiserwirt spukt.«

Die Szene wechselt. Ein Nachtwächter zieht seine Kreise im Geviert, fordert allseits zur Nachtruhe auf. Wohl dem, der zu Hause sein kann, denn draußen tut sich um diese Zeit in Rottenburg Gespenstisches. Die knorrige Susann, ranghöchste Stadthexe der Fasnetmetropole am Neckar, schleicht mit einer Laterne über den Platz, sondiert vorsichtig die Lage und weist ihren nachfolgenden Kolleginnen, dem Annele und dem Kätherle, den am besten geeigneten Ort für die Plazierung des Hexenkessels. Das Traudele sorgt als Feuerhexe für gespenstisch flackerndes Bengalenlicht. Schemenhaft tauchen weitere Hexen auf. Die Hulda, Expertin für giftige Kräuter, Schlangen und Kröten; Uschel, die Zauberhexe; Hannele, die zukunftsdeutende Kartenschlägerin und schließlich das Doggele, das mit einem Gebräu aus Menschenknochen und Salamandern fürs leibliche Wohl der buckligen Zunftgenossinnen zuständig ist. Ein Schelm, der da behauptet, der Krug enthalte ein vergorenes Getränk ganz anderer Konsistenz. Um ihren Kessel versammelt, müssen sich die Hexen von ihrem wahrsagenden Hannele dreimal drohendes Unheil verkünden lassen – Grund genug, bei jedem Male johlend und kreischend vor Angst auseinanderzujagen. Doch läßt sich ihr Schicksal nicht wenden. Diese Einsicht kommt den Verschreckten rasch genug, und sie entsinnen sich des Krügleins in Doggeles Obhut, dessen Inhalt Mut und Kraft verspricht. Dann wird das Kesselfeuer entzündet, und als schließlich noch der Teufel persönlich sich die Ehre seines Erscheinens gibt, kann der Tanz der Hexen beginnen. Musik – und Bewegung kommt in die knorrigen Gestalten, die mit hochgestellten Besen heulend um ihren Kessel toben. Beißender Qualm und dichte Schwaden des teuflischen Gebräus ziehen über den Platz und locken weitere Hexen an. Das einsame Heuberger Hexle, dessen Domizil auf dem Heuberg, vor den Toren der Stadt liegt, probiert es jedes Jahr aufs neue, in den Tanzkreis der städtischen Kolleginnen aufgenommen zu werden und muß augenblicklich die schmerzliche Erfahrung machen, daß die Stadthexen unter sich bleiben wollen. Doch haben sie die Rechnung ohne den Teufel gemacht, der sich erst jetzt seiner Funktion als Meister aller Hexen bewußt wird und in rührender Satansgüte das bedauernswerte Hexle in den tanzenden Reigen der Hartherzigen einführt. In der Ferne ertönt dumpfes Schellengeläute. Die Hexen halten inne, Unheil witternd. Das rhythmische Schellengeklinge wird lauter, und plötzlich ergießt sich eine Flut gleichmäßig »hoppender« Ahlande auf den Marktplatz und nimmt sich handfest des satanischen Dutzends an. Hunderte von »Saublodra« und Kuhschwänzen gegen zehn Besen und einen Dreizack! Da muß sogar der Teufel passen, der sofort den Kessel umstößt, während seine Hexen – hier die Personifikationen des rauhen Winters – den Platz den frühlingverheißenden Ahlanden und damit dem allgemeinen Narrentreiben verfügbar machen müssen.

Das ist ein Grund zum Feiern! Narrenmarsch! Die Ahlande setzen sich und bilden einen Kreis, in dessen Innerem immer mehr auftauchen, und plötzlich formiert sich das weiße Durcheinander zum choreographisch wohlgeordneten Ahlandtanz. Narri-Narro, damit haben alle Gruppen ihren Beitrag im Freien geleistet; nach dem Abzug der Aktiven setzt sich der Menschenstrom vom Marktplatz aus in Bewegung und reißt den noch Unentschlossenen mit. So bewegt sich ein riesiger Zug unter musikalischer Begleitung zur prächtig geschmückten Festhalle, die in zwei Kilometer Entfernung für die Eröffnungsredoute der Narrenzunft zur Verfügung steht.

Hier ist die vielzitierte Duldsamkeit der Stoiker vonnöten, denn ganze Heerscharen begehren Einlaß ins fastnächtliche Vergnügungszentrum. In Minutenschnelle verwandelt sich der Festsaal in ein wogendes Meer glücksstrahlender närrischer Gesellen. Ist endlich der letzte Quadratzentimeter besetzt, drängen Laufnarren, Ahlande, Pompele, Hexen und Historischer Teil, Gruppe für Gruppe, ins Geschehen. Zuerst natürlich die »Historischen« mit dem Narrenrat und der Gräfin samt Gefolge, die sich in dekorativ-repräsentierendem Arrangement auf der Bühne postieren.

Gräfin Mechthild tut nun kund, daß von Ihrer und des Hohen Rates Seite aus alles geschehen sei, dem Volk ungetrübte Fasnetstage zu ermöglichen. Das wenige, was noch zu tun sei, müsse der Hofnarr ausführen: »Halberdrein, walte Deines Amtes!« Unter dem Schellenklang der zwischenzeitlich aufmarschierten Ahlande erinnert der Vertraute der Gräfin mit erhobenem Finger an die fliehende Zeit und mahnt: »Frohsinn isch' Trumpf und Narredei, am Aschermittwoch isch' älles vorbei!«

Als Vorsitzender der Narrenzunft besorgt ihr Meister im folgenden die Vereinsinterna und Notwendigkeiten. Begrüßung sämtlicher Ehrengäste und auch Ehrenmitglieder. Verdiente Narren werden mit Orden dekoriert, weniger verdiente finden zumindest Erwähnung. Die Laufnarren werden angewiesen, den Oberbürgermeister herbeizuschaffen, der für seine vorbildliche Haltung bei der Rathausübergabe mit einer großen Narrenkappe ausgezeichnet wird. Das nächste Mal wird's wohl ein Orden sein. Dafür muß er sich dann Gereimtes über seine Stadtpolitik anhören – was im übrigen eine der seltenen Gelegenheiten zu sein scheint, wo einem oder allen klar wird, daß Fasnet auch etwas mit Kritik von »unten« nach »oben« zu tun hat. Nun gibt auch das Stadtoberhaupt, das neben der Gräfin als Schirmherr der Rottenburger Fasnet anerkannt ist, seinen Segen zum Trubel, so daß den Ahlanden nichts mehr im Wege steht, unter den Klängen des Narrenmarsches ihren Tanz aufs Parkett zu legen.

Nach dem musikalisch unterlegten Ausmarsch dieser Frühlingsbringer kommt die turbulente Stunde der clownesken Laufnarren. Ihnen sind bei der Rottenburger Fasnet einige wichtige und unverzichtbare Ordnungs-, Sozial- und Unterhaltungsfunktionen zugewiesen. Fehlt irgendwo der zivile Ordnungsdienst, springen sie ein und schaffen Platz für Darbietungen der Fasnetteilnehmer. Ihre vielfältigen Dienste werden an anderer Stelle noch Erwähnung finden. An diesem ersten Redouten-Abend müssen sie zäh daran arbeiten, daß die im Restjahr erstarrten Narrenglieder wieder weich und geschmeidig werden, in Bewegung geraten. Hemmungen und Berührungsängste der frischen Narren sind abzubauen, und was eignet sich besser dazu als die sattsam bekannten Volks- und Festgesänge? Also versammeln sich diese Spaßmacher auf der Bühne, ein jeder hängt sich beim anderen ein, Schifferklavierspieler gesellen sich dazu, und los geht's. Volkstümliche Ohrwürmer, die jeder kennt, bringen allmählich Leben in die bunte Bühnenszenerie, und jetzt wird erst mal vorgemacht, wie das mit dem Schunkeln und Singen funktioniert:

»I mecht so gern in Raudaburg an Oberlaufnarr sei, dann sprenged mir am Omzuag älle Kinder henderdrei.« Und wenn's die Zuschauer dann immer noch nicht juckt, lok-ken die Clowns sie durch allerlei Singspielchen mit Anfassen, Aufstehen, Hinsetzen etc. aus der isolierenden Reserve. Haben sie das geschafft und wogt der ganze Saal im Gleichklang der närrischen Glückseligkeit, verlassen sie die Bühne und räumen die Tanzfläche für erste Tollgewordene, die nach den Klängen der Showband oder der Blaskapelle ihr Tänzchen wagen. Die Aktiven ziehen sich ins angebaute Festzelt zurück und überlassen Narrhalla bis in den frühen Morgen den Besuchern, die sich zunehmend sang- und klangfreudiger gebärden. Ein Glück nur, daß die Polizeistunde in diesen Tagen abgeschafft ist.

Der »Schmotzige Daoschdig« in Rottenburg wäre sicherlich unvollständig beschrieben, erwähnte man nicht die mannigfachen spontanen Fastnachtsaktivitäten, die im Zunfthaus, den Gaststätten, Cafés und Weinstuben stattfinden. An die zehn exotisch und wild kostümierte Musikgruppen ziehen durch die Lokale und bieten ein buntgemischtes Potpourri gängiger Melodien dar, zwischen denen sich gelegentlich auch ein schrummelnder Dixiland tummelt. Die meisten Wirte lassen sich diese Art der Umsatzsteigerung etwas kosten und belohnen die Auftritte mit hochprozentigen Naturalien. Daß sich in den Darbietungen der Laienmusiker hin und wieder ein greller Mißton vernehmen läßt, stört keineswegs und ist oft beabsichtigt und auch erwünscht, warum soll's denn nicht auch nach Noten dagegen gehen? Waschbretter, Konservendosen und andere originelle Juxinstrumente ergänzen das skurrile Instrumentarium der Kleinkapellen. In Spontanauftritten zeigt sich der Volkscharakter der Rottenburger Fasnet – jeder kann, darf und soll sogar seine ihm innewohnende kreative Ver-rücktheit an den Mann bringen. Narri-Narro, es lebe die Fasnet.

Freitag

Der nachfolgende Freitag ist vorwiegend der Regeneration gewidmet und fördert die langsame Eingewöhnung in den närrischen Umtrieb. Der Nachmittag gehört den Senioren. Von den engagierten Laufnarren organisiert, läuft hier dasselbe Programm wie am Vorabend ab, allerdings in etwas kleinerem Umfang: Einzug des Hofstaates und Aufmarsch von Abordnungen der verschiedenen in der Zunft zusammengeschlossenen Gruppen. Gräfin Mechthild begrüßt die Alt-Narren mit passenden Versen, der Hofnarr sagt seinen gereimten Spruch auf, und der Zunftmeister bedient sich schwäbischer Prosa zur Begrüßung von Gästen und Ehrengästen. Eine kleine Schar Ahlande präsentiert ihren Schautanz, und das nicht weniger motiviert als am Vortag. Meistgespieltes Musikstück ist auch hier der Narrenmarsch, der dann schließlich die Maskenträger von der Tanzfläche weglockt. Freie Bahn für die Clowns, die nicht nur die Bewirtung, sondern auch die Verantwortung für gelungene Unterhaltung und unbeschwertes Tanzvergnügen unter ihre Regie nehmen. Doch auch die Ahlande mischen mit und vertauschen ihre Pelze mit anderen Kostümen, in denen sie mit sketchartigen Darbietungen für Kurzweil im Saal sorgen. Die meisten der Senioren erscheinen in phantasiereicher Verkleidung und stellen sich auch in großer Zahl den kritischen Augen der Jury für die Prämierung der schönsten Kostüme. Die Rottenburger Seniorenfasnet ist eine vollwertige, sich selbst tragende Veranstaltung und nicht, wie man meinen könnte, ein Bonbon für die Alten, damit auch die ihre Fasnet haben. Ein Narr ist in Rottenburg eben ein Narr, egal ob er nun Windeln, Jeans oder Rheuma-Unterwäsche unter seinem Häs trägt.

Samstag

Am Sonnabend kommt erst gegen Mittag Bewegung auf. Kostümierte, doch nicht maskierte Narren strömen von allen Seiten auf die katholische Kirche St. Moriz zu. Es ist nun schon zur Tradition geworden, daß in diesem Gotteshaus die liturgische Feier als »Narren«- oder »Zunftmesse« in fastnächtlichem Ambiente abgehalten wird. Wenn um 13.15 Uhr weithin vernehmliches Glockengeläute einsetzt, ist der Ansturm der Gläubigen in der Tat beeindruckend. Gekommen sind sie fast alle – in repräsentativer Besetzung für jede einzelne Aktivengruppe. Die Jazzband, die schon öfter hierher eingeladen war, vermag es, mit spielerisch leichten, jedoch der Würde der Stätte angemessenen Gospels den Eindruck entstehen zu lassen, daß es sogar an diesem Ort meditativer Besinnung »dagega goht«. Ganz gewiß ist das auch ein Verdienst des zelebrierenden Priesters, der – umrahmt von der Band und den obersten Funktionsträgern der Zunft – die Andacht in lockerer Form abhält und mit doppeldeutigen und hintersinnigen Bezügen auf den Christenalltag den närrischen Erfordernissen dieser Besinnungsstunde Rechnung trägt. Nicht nur lobt er die Phantasie der Kostümierten, die die Kirche bis zum letzten Stehplatz ausfüllen, sondern er benennt und würdigt auch die wichtige Aufgabe des Narren, den Menschen einen Spiegel vorzuhalten – erkenne Dich selbst in der Narrheit des Gegenübers!
Die Kirche zeigt sich bemüht, die närrischen Umtriebe in der Stadt nicht nur zu dulden, sondern, wenn möglich, in ihren Toleranzrahmen zu integrieren: »Kommt nur herbei in hellen Scharen, wie liebenswert sind solche Narren. (...) Gott liebt uns Narren alle gleich, und will uns führen in sein Reich.« Solche Zitate des Priesters honorieren die Besucher – und das ist gewiß nur an der Fasnet möglich – mit lang anhaltendem Beifall.
Der Zunftmeister liest im Anschluß aus den Psalmen, dann treten einer nach dem anderen, die Gräfin und die Gruppenführer der diversen Rottenburger Narrenfiguren, ans Mikrophon vor dem Altar und sprechen kurze Gebete. Jetzt nimmt die Messe ihren vorgeschriebenen, normalen Verlauf und wird nur noch durch die getragenen Jazz-Spirituals der Musiker »verfremdet«. Mit dem Segen der katholischen Kirche versammeln sich die Gläubigen auf dem Vorplatz, wo sie von Blasmusikern erwartet werden, die die ganze Schar bis zum bereits überfüllten Marktplatz hinter sich herziehen. Hier erreicht die Rottenburger Straßenfasnet einen ihrer Höhepunkte. Ein

50

buntes Gewirr von Maskenträgern und einfallsreich gekleideten Unorganisierten festet und feiert gemeinsam, man kennt oder macht da kaum Unterschiede; Narr ist man halt, und dazu macht sich schließlich jeder selbst. Heute ist hier der Treffpunkt, und fast jeder kommt irgendwann einmal vorbei; natürlich auch die lokalen Repräsentanten aus Politik, Wirtschaft und Handel, die inmitten der zahmen Rottenburger Narren ungestraft ihrem professionalisierten Selbstdarstellungstrieb freien Lauf lassen dürfen; da geht es dem Oberbürgermeister schlechter, der aktiv auch an anderen närrischen Veranstaltungen teilnimmt, somit seinen Bürgern und Narren vertrauter ist und als »OB zum Anfassen« tatsächlich des öfteren zur duldenden Zielscheibe für allerlei Schabernack wird.

Mit dem Einbruch der Dunkelheit verläuft sich die Menge, doch geht wohl keiner im Ernst nach Hause, denn es gilt: »D' Fasnet hemmer, narret semmer, ond des emmer!«

Im Zunfthaus herrscht eine Riesenstimmung, Gaststätten und Besenwirtschaften drohen auseinanderzubrechen. In all dem sangesfrohen Trubel präsentieren sich Musiker, die im rollierenden Wechsel in die letzten freien Lücken hereinbrechen, ebenso wie kreischende Hexen, die auch am überfülltesten Tisch keine Platzprobleme kennen wollen. Hier nimmt die Fasnet ihren eigenen Lauf, und singend und schunkelnd geht's in den Morgen.

Unterdessen läuft das organisierte Fasnetstreiben bereits auf Hochtouren. Der Maskenball in der Festhalle lockt jedes Jahr so viele Vermummte in den Saal, daß kaum noch irgendwo ein Durchkommen gewährleistet ist. Wie bei jeder Redoute ziehen zu Beginn die Gruppen der Narrenzunft ein. Nach den üblichen Begrüßungsriten wird erst mal das Publikum »angeheizt«. Zuerst der schellentönende Ahlandtanz, dann das leichtfüßig-gezierte Polonaisezeremoniell des historischen Ensembles. So wird mit System durch unterhaltende Einlagen fastnächtliche Feststimmung erzeugt, die im Auftritt der beständig anfeuernden Laufnarren kulminiert:

Manege frei für die fasnetstrunkenen Besucher, die, bunt kostümiert und abenteuerlich maskiert, behend die Mitternachtsschwelle überspringen. Zu später Stunde erfolgt die Prämierung der originellsten Kostüme, ein Anreiz für alle, beim nächsten Male doch wieder dem Ruf der Narrenzunft zur engagierten Teilnahme am Maskenball Folge zu leisten.

Sonntag

Erholsame Stille ehrt den Morgen des Fasnetssonntags. Erst gegen 11 Uhr tut sich etwas im Rathaus. Rottenburgs Oberbürgermeister läßt es sich nicht nehmen, Mitglieder auswärtiger Zünfte, die am großen Umzug dabei sein wollen, persönlich zu begrüßen und zu bewirten. Die anwesenden Narren erhöhen sich gegenseitig durch Ehrungen und Ordensverleihungen unter lautem Gerassel und Getöne im großen Flur. Dieser erste »offizielle« Sonntagstermin findet sein Ende, wenn die Stadt erwacht. Absperrungen bezeichnen die Umzugswege, die Fasnetshochburg zeigt sich gewappnet, den großen Andrang der auswärtigen Besucher in geordnete Bahnen zu lenken.

Um 13.30 Uhr beginnt der Tanz mit dem »Ahlandhoppa«. Als Leitfigur der Rottenburger Fasnet muß der Weißnarr natürlich seine eigene Vorstellung bekommen – so bietet sich die Terminierung des Spektakels kurz vor den Umzugsbeginn geradezu an. Droben, am Kalkweiler Tor, formieren sich die Schellenträger zum Narrensprung. Angeführt von der Stadtkapelle, die den – was sonst – immer präsenten Narrenmarsch intoniert, setzt sich der Troß der »hoppenden« Ahlande in geordneten Viererreihen in Bewegung. Die erste Abteilung kämpft sich unbeirrt im Gleichschritt zum Marktplatz vor, wo Tausende von Zuschauern der Dinge harren, die da hoppen. Auf einem kleinen Areal zeigen die Ahlande ihren Schautanz und verkürzen somit die Zeit bis zum Beginn des großen Umzugs aufs Angenehmste. In der Zwischenzeit ist die Zahl der erwartungsvoll stehenden Zuschauer auf ungefähr 70 000 angeschwollen – für die kleine Stadt in jedem Jahr eine beträchtliche sicherungstechnische Herausforderung, der sie sich aber stets gewachsen zeigt. Um 14 Uhr begrüßen der Zunftmeister und die Gräfin die sympathisierenden Fremdnarren, Halberdrein schließt sich an und liefert kleine Kostproben aus seiner Verseschmiede. Schwierigkeiten mit widrigem Wetter gab es in der Fasnetszeit so gut wie nie. Der Zug, an dem jedes Jahr ungefähr 100 Gruppen teilnehmen, erhält selbstredend in der Mechthildstraße seine Formation. Spielzüge, Musikvereine und Trachtenkapellen führen die närrischen Abordnungen an. Wer auch immer sich als »Laufgruppe« registrieren läßt, darf mitmarschieren und seine Einfälle dem Publikum vorführen: »Haremsdamen« und »Landstreicher«, »arbeitslose Bademeister« und »Hemmedglonker«, Hexenpulks und Prinzengarden, Butzen, Ahlande und Pompele. Besonders zahlreich vertreten sind natürlich die Narren vom umliegenden Land. So kommen aus Wurmlingen die »Knöpfle«, »Rändelmäx« und »Hemmedglonker«; aus Kiebingen die farbenprächtigen »Butzen«, Teufel, Zunfträte und Eierleser, aus Bühl der Narrenrat samt Prinzengarde und Maskenträgern; aus Obernau, Niederau und Schwalldorf einzelne Abordnungen wie z. B. »Diabolo«, »Stadtteil-Esel«, »Brodeskekler« und »Elbenloch-Hexen«. Einige Zünfte von der Schwäbischen Alb, aus dem Badischen und sogar aus Frankreich schicken Vertreter.

Wer am Marktplatz auf das Spektakel wartet, wird zuallererst die quirligen Rottenburger Laufnarren erspähen, die mit ihrer Konfettikanone den Anfang machen und sicher auch deswegen vornedran sind, weil sie mittlerweile zur stimmungsmachenden Institution avanciert sind. Danach folgen in lockerer Plazierung die närrischen Aktiven, die größtenteils dem alemannischen Mundartgebiet entstammen. Zwischen modernen Clownsgruppen und Kostümträgern tauchen immer wieder bizarr aussehende Weißnarren auf, die mit ihren furchterregenden Renaissance- und Barocklarven dem Wesen der schwäbisch-alemannischen Fasnet das »Gesicht« geben. Diese personell meist stark besetzten Gruppen fallen allein dadurch auf, daß sie im Gleichschritt, mit verhalten nachgezogenem Sprungbein, in stoischer Ruhe und Einförmigkeit, ihres Weges hopsen und dabei mit ihren starren Fratzen einen grotesken Kontrast aus signifikanten Bewegungsformen und unveränderlicher Mimik bilden. Gerät der Zug ins Stocken, entledigen sie sich ihrer Konformität und nehmen sich mit ihren Schweinsblasen, Wedeln und Stecken der Zuschauer an. Daß es da nicht selten etwas grob zugeht, akzeptieren die meisten der Betroffenen und fügen sich klaglos ihrem Schicksal – erweist sich doch in vielen Fällen das malträtierte Besucherhaupt als so hart und widerstandsfähig, daß bei vielen Maskenträgern nach kurzer Zeit nur noch traurige Reste der »Saublodr« am Stab hängen.

Ähnlich publikumswirksam gebärden sich die markigen Hexengestalten, die in vielerlei Erscheinungsformen auf ihren Besen hüpfen, über den Boden kullern und johlend sich gerade die hübschesten der Zuschauerinnen als Opfer ihrer milden Torturen herausgreifen. Andere Festzugteilnehmer versuchen durch Bonbonwerfen und Konfettistreuen die Aufmerksamkeit inmitten des bunten Trubels auf sich zu lenken und sorgen dafür, daß sich so manche Hosentasche mit Süßigkeiten füllt. Als gastgebende Zunft markieren die Rottenburger Aktiven das Ende des Zugs. Hinter der Kapelle erscheint als erster, unermüdlich winkend und tanzend, der Hofnarr Halberdrein, gefolgt vom Historischen Teil und dem gräflichen Festwagen, von dem aus ein reicher Bonbonsegen auf das Volk niedergeht. Die Stadthexen stellen zwei Wagen mit befeuertem Hexenturm und rotierendem Hexenkarussell. Die widdergehörnten Pompele marschieren mit ihrem Faßwagen hinter dem Spielzug her und verbreiten seltsame Laute durch unermüdliches Betätigen ihrer Holzklapper, während die imponierende Anzahl der Ahlande in verschiedenen Funktionen auftritt: als Laufgruppe, Tanzensemble und bonbonverteilende Festwagenbesatzung. Zu guter Letzt befördert der Narrenratswagen die Funktionäre und Organisatoren durch die winkenden und applaudierenden Volksreihen. Schaufelweise regnet Konfetti hernieder, begleitet von nicht enden wollendem Narri-Narro, dem anfeuernden Schlachtruf der Zünftler. Zwei Stunden dauert es, bis sich der große Umzug vom Eugen-Bolz-Platz über den Marktplatz, die Königstraße, dann Ehinger Straße und von dort zur Tübinger Straße bis zur Sprollstraße bewegt hat.

Viele der Besucher reisen aus dem fasnetabstinenten Tübingen mit Umland an – pietistische Sittenstrenge und gefühlseinengende Kopflastigkeit haben über die Jahrhunderte hinweg verhindert, daß sich Ähnliches wie im traditionell katholischen Rottenburg abspielt. Während das Leben in Tübingen in der Fasnetszeit seinen normalen Gang geht, laufen die Uhren in Rottenburg anders, und das heißt, daß Geschäfte, Ämter und manche Dienststellen entweder gar nicht geöffnet oder nur unterbesetzt sind, manche Firmen sogar schließen. Woher auch sonst sollen so viele Narren herkommen? In der Fasnetszeit sind Rottenburg und Tübingen in der Tat durch Welten getrennt – hier macht sich die seit langem nicht mehr existierende Grenze zwischen Vorderösterreich und Württemberg am deutlichsten bemerkbar.

Sind die Fremden erst einmal weg, feiern die Rottenburger wieder unter sich. Die lokale Prominenz und alles, was sich aus welchen Gründen auch immer dazuzählt, läßt sich vom Schultes-Ehepaar im Rathaus mit kalten Platten und trockenem Trollinger verwöhnen. Wer sich dem illustren Kreis nicht zugehörig fühlt, lenkt seine Schritte zur Festhalle, wo zwei Stunden lang ein Unterhaltungsprogramm mit Tanz geboten ist. Willkommene Gelegenheiten zum Aufwärmen finden sich mehr als genug, denn selbstverständlich haben die närrischen Lustbarkeits- und Dienstleistungsbetriebe in der Stadt geöffnet, meist weit über die reguläre Polizeistunde hinaus. Die Stimmung ist nachhaltig geprägt vom großen Umzugsereignis des Tages: Schön war's mal wieder, das wäre geschafft!

Am Abend sollte man wieder fit für den Besuch der Sonntags-Redoute sein, die den Ruf hat, die ruhigste und gemütlichste aller Redouten zu sein, weil viele mittlerweile Fasnetsgeschädigte besser zu Hause bleiben und die Arena der Narretei den Gruppen der Narrenzunft kampflos überlassen. Das offizielle Programm verläuft wie an den vergangenen Redouten, doch fällt auf, daß viele Beiträge eine Spur privater, persönlicher und spontaner von der Bühne ans Publikum gehen. Die Menge ist gut überschaubar, die meisten kennen sich, und Außenstehende gewinnen zwangsläufig den Eindruck, daß hier die Zunft und ihre zahlreichen Sympathisanten ihr eigenes großes Fasnetsfest veranstalten. Wieder sorgen Blaskapelle und Showband für ununterbrochenes Tanzvergnügen bis in den frühen Morgen.

Rosenmontag

Im Veranstaltungsüberblick vom »Schmotziga Daoschdig« bis zum Sonntag kann leicht der Eindruck entstehen, bei der Fasnet hätten nur die Erwachsenen das Sagen. Weit gefehlt, denn der Rosenmontag beweist, daß die Grenzen zwischen älteren und jüngeren Narren fließend sind. Heute ist der große Tag des »Narrensamens«, das heißt des Nachwuchses, auf den selbst die verrückteste Zunft nicht verzichten kann, will sie ihre Traditionen weiterhin gewahrt und gepflegt wissen. Daß es sich dabei nicht nur um »Kinderkram«, sondern um einen echten, eigenständigen Umzug handelt, beweisen auch die Zuschauerzahlen, die stets zwischen 15 000 und 20 000 schwanken.

Um 14 Uhr geht's also los, in umgekehrter Richtung wie am Vortage. Der Zunftmeister und die Gräfin grüßen per Lautsprecher ihr »liebes närrisches Volk«. Kinderpistolen knallen, Marschmusik ertönt, Luftballons steigen gen Himmel. Die ersten Gruppen tauchen auf, in kleinerer Besetzung als gestern, doch gewiß nicht weniger motiviert, zum Gelingen ihr Bestes zu geben. Die Ordnung des Zuges ist nicht mehr so streng gehandhabt, zwischen hopsende Ahlande und tanzende Mohren mengen sich sichtlich beglückte Kinder und Jugendliche. Laufnarren sorgen hier und da für Ordnung und kümmern sich um einzelne, vielleicht noch gar zu junge Närrchen. Mini-Ahlande demonstrieren Präsenz und melden so Ansprüche für die Zukunft an. Zwischendrin blasen Kapellen den Narrenmarsch und Schunkellieder, und kleine Westernhelden, Mexikaner und Monster folgen diesen Tönen in geradezu zügelloser kindlicher Freude. Laute Zurufe, Pfiffe und Klatschen der Umstehenden verstummen erst hörbar, wenn sich wildgewordene Pompele nähern und gezielt nach Opfern schauen, denen sie dann mit Nachdruck – Zwick und Zwack – klarmachen, daß es einen Ort gibt, wo der »Bartl« seinen Most gewiß nicht holt: im Keller des Kaiserwirts. Doch gilt das Pompele ja immerhin als ein gutmütiger Klopfgeist, und so mildern reichlich verteilte Süßigkeiten den Kinderschreck über das Ungeheuer im braunen Teddy-Pelz. Hoch auf dem Wagen thronend folgt Gräfin Mechthild, die mit immerwährendem huldvollen Lächeln ihr Volk begrüßt und mit Grazie Bonbons herniedergehen läßt, während in ihrem Rücken die wenig vertrauenerweckenden, verwarzten Hexenrauhbeine dem Kinderjubel erneut Dämpfer aufsetzen. Am Ende des Zuges fährt, unermüdlich und alles überschauend, der Zunftmeister und zieht, dem Rattenfänger von Hameln gleich, mit gezielten Bonbonwürfen eine große johlende Kinderschar hinter sich her. Denn nach dem Umzug sollen die hoffnungsvollen Nachwuchstoren keineswegs nach Hause wandern, haben die Laufnarren doch einiges zum großen »Kinderball mit Narrensamenfütterung« in der Festhalle vorbereitet. Musik, Darbietungen und Spiele gehören mit zum festen Rosenmontagsrepertoire, ohrenbetäubendes, begeistertes Kindergeschrei nicht weniger. Stille wird's erst gegen Abend, wenn der Saal für die Montags-Redoute hergerichtet wird, denn noch einmal wird sich die Halle bis zum Auseinanderbrechen füllen: kaum einer der echten Narren will die letzte Gemeinschaftsveranstaltung dieser Art versäumen. Entsprechend lange festet das tolle Volk. »Nach Hause woll'n wir nicht!« – das ist das ungeschriebene Motto des tosenden Mummenschanzes, der aus den letzten Kräftereserven lebt.

Fastnachtsdienstag

Der Dienstag, kalendermäßig oberster Feiertag dieser Narrenwoche, spielt in Rottenburg eher eine nebengeordnete Rolle, was seine Ursache sicher in der hingebungsvollen Teilnahme vieler findet, die die letzten Tage aktiv mitgestaltet haben. Sichtbar geprägt ist dieser Tag vom nahen Ende der Fasnet, die zweite und dritte Schweinsblase ist zerfleddert. So schön die Tage auch sind: es gehört dazu, daß sie zu Ende gehen, bevor sich lähmende Alltagsroutine breitmacht. Ein jeder wird mit einem weinenden Auge zurückblicken, mit einem lachenden indessen in die Zukunft schauen, denn nächstes Jahr geht es mit Sicherheit erneut von vorne los. Gibt es einen besseren Anlaß als heute, an den Nachwuchs zu denken? Jung-Ahlande, die 18 Jahre alt geworden sind, werden durch eine feierliche Taufhandlung in die Gruppe der Aktiven aufgenommen. Da versammeln sich um 15 Uhr am Metzelplatz die Älteren zur Begrüßung der Bewerber, die, angeführt von der Stadtkapelle, in neutralem Weiß auf dem Ahland-Festwagen begrüßt werden. Jedem Täufling ist ein Alt-Ahland beigegeben, der als Pate die Ausrüstung des Ungetauften zu tragen hat: Maske, Häs, Schellen, Stecken, Handschuhe und das Halstuch. Bevor die »Neuen« unter die Anonymität ihrer Masken schlüpfen, werden sie dem Publikum mit Namen vorgestellt. Nach Abnahme des Versprechens, dem Ahland-Kodex Ehre zu machen und in diesem Sinne dafür zu sorgen, als Boten des Frühlings dem Winter den Garaus zu bereiten, wird den Mädchen und Jungen mit Weißwein erst einmal Benehmen eingetrichtert. Danach übergeben die Paten die begehrten Kleidungsstücke, und mit musikalischer Unterstützung verwandeln sich die Zivilisten in jene Symbolfiguren der Stadt Rottenburg, die weit über die Grenzen hinaus bekannt sind. Die Taufhandlung vollzieht der Gruppenführer unter Zuhilfenahme echten Neckarwassers, und die anderen Ahlande ergänzen den Ritus durch »Verblodern« und »Verschellen«. Der Ahlandtanz besiegelt die Zeremonie, und sofort dür-

Anschlag.

fen die frischgebackenen Hästräger tätig werden: Bonbonwerfen, »Verblodern« und »Verschellen« soll nur unter der Aufsicht und dem Reglement der Zunft stattfinden. Das Publikum tut das Seine, die neuen Aktivisten anzuerkennen, indem es den Jungen die traditionellen Fasnetreime zuruft: »Ahland, Putschahland, Zusann, Lompadock, putz' dei Nas' en Onderrock!« und »Hoorig, hoorig isch' die Katz . . . Borschdig, borschdig isch' die Sau . . .« Der Narrenmarsch und die obligate Schunkelrunde beenden das Initiationsschauspiel.

Von nun an geht's nur noch bergab. Die Gaststätten bieten wieder Platz in Hülle und Fülle, im Haus der Zunft bedauern sich schwarzgekleidete Trauergäste, deren wahre Betrübnis sich allerdings in erträglichen Bahnen hält, und im Großen Haus, der Festhalle, Hochburg der Rottenburger Fasnet, herrscht – Stille, Leere, Dunkelheit! Doch im danebenliegenden Festzelt regt sich's noch. Eine beachtliche Zahl demaskierter Aktiv-Narren sitzt in sangesfroher Runde und setzt sich engagiert für die Vernichtung der Restbestände stimmungsstimulierender Narrensäfte ein. Der Erfolg gibt dem Vorhaben recht, und bald lassen schallende Gesänge im Verein mit improvisierten Musikdarbietungen die Verantwortlichen fürchten, das nahe Ende könne im Taumel des Vergnügens ignoriert werden. Um 23 Uhr erfolgt der eindringliche Aufruf, das Zelt zu räumen und sich dem Trauerzug anzuschließen. Die dahinscheidende Rottenburger Fasnet, personalisiert in einer Strohpuppe, wird auf der Bahre von vier Zunftmitgliedern zum Marktplatz getragen. Ein langer Zug tiefbetrübter Narren begleitet mit Fackeln das liebgewordene Symbol auf seinem letzten Gang. »O, du lieber Augustin . . .«, intoniert die vorausmarschierende Kapelle. Auf dem Marktplatz hat sich ein großer Kreis von Menschen gebildet, die sich an einem riesigen, rotweißen Rottenburgtuch festhalten. Ein Fackelträger tritt herbei, die Puppe lodert auf, die Fasnet brennt, und vorwitzige Narren jagen ums Feuer. Klagendes Geheul und Gejammere aller Umstehenden setzt ein, es war doch wieder mal gar zu schön, und nun ist's aus. Narri-Narro, ade bis zum nächsten Jahr!

»Am Aschermittwoch isch' älles vorbei?«

Geschäftiges Treiben auf den Straßen, in den Läden, Dienststellen und Firmen. Schwer nur läßt sich erahnen, was hier die letzten Tage stattgefunden hat. Die Bischofsstadt funktioniert und findet sich ohne Mühe in den Alltagstrott. Doch halt, so ganz am Ende ist's noch nicht. In der Brunnenstube versammeln sich die Obernarren in Zivil und lauschen dem danksagenden Resümee ihres Zunftmeisters. Zwei närrische Taten müssen noch vollbracht werden, und Schnipp-Schnapp, ist die Krawatte ab. Mit einer überdimensionierten Schneiderschere bewehrt, macht sich der Zeremonienmeister daran, die Schlipse aller, derer er habhaft werden kann, zu kürzen. Der alte Zopf ist ab. Die Reste werden im Lokal fein säuberlich an einer Schnur aufgereiht – sichtbares Zeichen der Vergänglichkeit und natürlich auch ein Jux, der eben dazugehört und der zweimal soviel Spaß macht, wenn es dabei den ahnungslosen Zaungast erwischt hat. Ist diese Untat vollbracht, geht's vor die Tür zum Ritterbrunnen. Hier werden Geldbeutel in allen Farben und Formen durch das Wasser gezogen und gründlich ausgewaschen; ein jeder soll sehen, daß das ganze Geld verbraucht ist. Gewiß wird aber doch recht bald wieder etwas hineingelegt werden können: Warum wohl sollten die Börsen sonst so beflissen gereinigt werden? Und außerdem: »'s goht scho wieder dagega!«

Anmerkungen

1 Vgl. auch den Aufsatz von F. Manz in der Rottenburger Post vom 11. 2. 1961: »Die Rottenburger Fasnet und ihr Herkommen«. Die Jahresrechnungen befinden sich im Hauptstaatsarchiv Stuttgart und im Innsbrucker Landesregierungsarchiv.
2 Zu berücksichtigen ist, daß Fastnacht in vielen mittelalterlichen Urkunden als beliebter Rechtstermin galt, so z.B. für die Ablieferung von Zinsen oder »Fastnachtshühnern« oder ähnlichen Abgaben, s. Herbert Berner: Fasnacht und Historie. In: Fasnacht, Untersuchungen des Ludwig Uhland Instituts (LUI). Band 6, Tübingen 1964, ed. Hermann Bausinger.
3 Näheres zur Figur des Narren und zur Geschichte und Herkunft der Fasnet im allgemeinen vgl. die umfassenden Darstellungen bei Werner Mezger: Narretei und Tradition. Stuttgart 1984.
4 Zimmersche Chronik, ed. Karl Barack, Band I, Freiburg 1881, 2. Auflage.
5 S. auch den gereimten Ehrenbrief des Jacob Püterich von Reichertzhausen an Mechthild. Zum Lohn für seine Liebe und Verehrung wünschte sich dieser von Reichertzhausen von Mechthild, sie auf ihrer nächsten Fastnacht »Freundin« nennen zu dürfen. Ernst Martin fühlte sich bemüßigt, dies zu erläutern, indem er anschloß: »womit natürlich eine scherzhafte Form des geselligen Verkehrs gemeint ist«. Gerade Martin zeigte sich fast verzweifelt bemüht, den Lebenswandel der Gräfin als untadelig im Sinne der herrschenden Moral des 19. Jahrhunderts darzustellen. In: Zeitschrift der Gesellschaft für Beförderung der Geschichts-, Alterthums- und Volkskunde von Freiburg, dem Breisgau und den angrenzenden Landschaften, II. Band, 1870–1872.
6 V. Ehingen war Erzherzog Albrechts Kammerherr in Rottenburg. Seine ausgedehnten Reisen im Dienste des Kreuzes inspirierten ihn zur Abfassung von Reisebeschreibungen: »Reisen nach der Ritterschaft«, ed. G. Ehrmann, Göppingen 1979. Von einer dieser Kreuzfahrten zurückgekehrt, verlieh ihm Albrecht am Hof zu Rottenburg den »Salamander-Orden«, richtiger: »Der Drachenorden oder die Gesellschaft vom Lindwurm, vom Salamander«.
7 Ebd., S. 38.
8 Zimmersche Chronik, ed. Barack.
9 Bei dem Haus, aus dem die Gräfin dem Treiben zuschaute, wird es sich um die »Herrenstube« oder das »Entreßsche Haus« gehandelt haben.
10 Sebastian Blau, d.i. Josef Eberle, Rottenburger Hauspostille, Tübingen 1946.
11 Martin Crusius, Schwäbische Chronick, Frankfurt 1733.
12 Aus Freiburger Ratsprotokollen, zitiert bei Rolf Süß: Zur Geschichte und Gegenwart der Freiburger Fasnet. In: Volksleben Bd. 18 (LUI), Masken zwischen Spiel und Ernst, Tübingen 1967.
13 Wilhelm Kutter: Schwäbisch-alemannische Fasnacht. Künzelsau/Salzburg 1976.
14 Publiziert im Schwäbischen Tagblatt vom 18. 2. 1985 durch F. Quarthal; Original im Generallandesarchiv Karlsruhe.
15 Akten darüber im Universitätsarchiv Tübingen.
16 Entscheidung vom 8. 5. 1937, im Stadtarchiv Rottenburg.
17 Neckar-Bote vom 6. 2. 1836.
18 Neckar-Bote Nr. 17, vom 27. 2. 1838.
19 Vgl. Neckar-Bote vom 16. 2. 1844.
20 Unterlagen von 1851, Stadtarchiv Rottenburg.
21 Vgl. auch H. Berner: Fasnacht und Historie. In: Fasnacht, Volksleben Bd. 6, Tübingen 1964: »Charakteristisch scheint es uns zu sein, daß die Fasnet im 19. Jahrhundert aus einem allgemeinen und von jedermann gehandhabten Brauchtum immer mehr zu einer Vereinsangelegenheit wird und ihre Bannkraft und Ausstrahlung in Abhängigkeit von dem Ansehen der sie vertretenden Vereinigung bzw. den in ihr tätigen Männern steht.«
22 S. Neckar-Bote vom 24. 2. 1854; 26. 2. 1881.
23 Im Stadtarchiv Rottenburg.
24 Vgl. die Zeitungsausschnitte im Protokollbuch der »Museums-Gesellschaft«, Stadtarchiv Rottenburg. Genannt wurden »Albverein«, »Museum«, »Leseverein«, »Volksbibliothek« und »Liederkranz«.
25 Vgl. Rottenburger Zeitung vom 7. 2. 1925; 10. 2. 1925; 24. 2. 1925.
26 Rottenburger Zeitung vom 7. 2. 1928.
27 Rottenburger Zeitung vom 13. 2. 1929.
28 Vgl. den entsprechenden Hinweis der Narrenzunft in der Rottenburger Zeitung vom 13. 2. 1929.
29 Publikation dieser Verordnung in der Rottenburger Zeitung vom 15. 2. 1930.
30 Protokollbücher des Elferrats, 1929–1954, Privatbesitz.
31 Der Beobachter der Rottenburger Zeitung kritisierte am 12. 2.: »Die Besinnung des Verfassers auf die vaterländische Geschichte und die Vertiefung volkskundlicher Bemühungen aus der volksverbundenen Gestaltung des närrischen Festes in allen Ehren, aber es fehlt der Handlung gar zu sehr an der Derbheit seiner Situationskomik, an komisch-dramatischer Wirkung, an witzigen Einfällen und originellen Überraschungen.«
32 Aus: »Der Ahland«, Organ der Narrenzunft, 499. Jahrgang, Rottenburg, Fasnet 1951.

»Abstauben« im Zunfthaus am Dreikönigstag (6. Januar).

Geisterhafter Aufzug der Hexen am »Schmotziga Daoschdig«.

Bengalisches Feuer erhellt gespenstisch den nächtlichen Marktplatz.

Der Ahland, Symbolfigur der Rottenburger Fasnet.

Die närrische Häs-Ordnung der Ahlande gilt für jung und alt: bunte Bemalung, Schellen, Kuhschwanz und Saubloder.

Die Pompele, gutmütige Klopfgeister, treiben als neueingeführte Maske seit 1979 ihre Späße im närrischen Trubel.

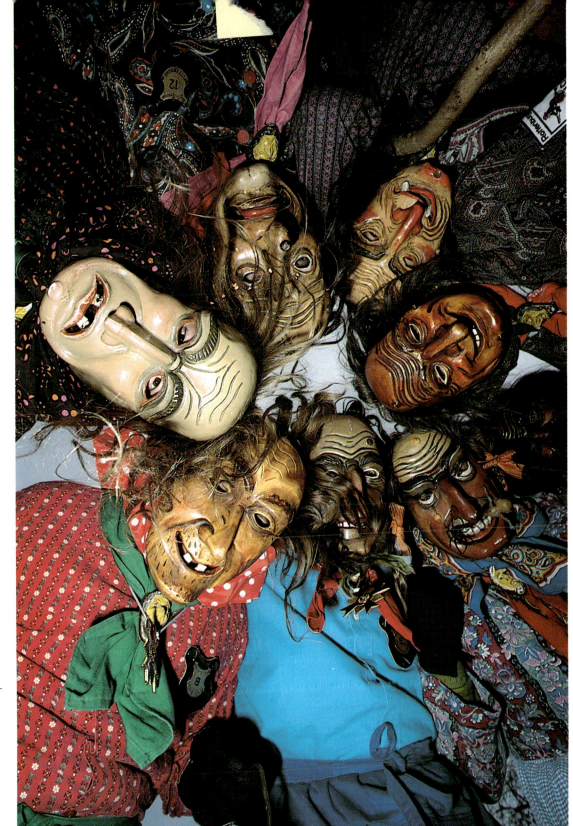

Die neun Haupthexen der Rottenburger Fasnet.

Die Hexen suchen sich ihre Opfer im Publikum.

Verschnaufpause bis zum nächsten Einsatz.

Neben Haupt- und Beihexen dürfen bisweilen auch Kleinhexen mithexen.

Der Zeremonienmeister führt die Gräfin zum Thron.

Redoutenzauber! Der historische Teil gruppiert sich um Gräfin Mechthild.

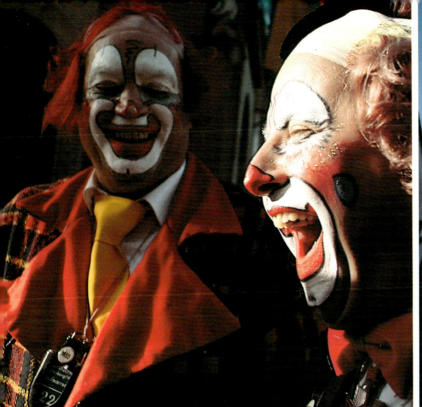

Bunt, frech, lustig und immer mittendrin: die Laufnarren.

Laufnarrensamen.

Die gastgebende Gräfin eröffnet die Redouten.

Alfons Uttenweiler, närrisches Rottenburger Original.

Aufmarsch aller teilnehmenden Gruppen zu Beginn der Redoute.

Ahlandtanz in der Festhalle.

Neben den Gruppen der Narrenzunft demonstrieren die Nichtorganisierten närrische Präsenz. Phantasievoll kostümierte Laufgruppen, Bluskapellen, exotische Individualisten – und mittendrin der Oberbürgermeister: bei der Straßenfasnet sind alle dabei!

Narrenmesse am Fasnetsamstag: Kostüme sind erwünscht, doch die Masken müssen vor der Kirche abgenommen werden.

Funktionsträger der Narrenzunft gestalten aktiv die Messe mit.

Für Außenstehende ungewohnt, in Rottenburg fast schon Tradition: Narren in der St.-Moriz-Kirche.

Ahlandhoppa vom Kalkweiler Tor zum Marktplatz.

Auftakt zum großen Umzug, der Ahlandtanz.

Am Fasnetssonntag windet sich ein kilometerlanger Narrenzug durch die Gassen der Neckarstadt. Die Einwohnerzahl Rottenburgs steigt um das Fünffache durch den massenhaften Zustrom auswärtiger Besucher und Delegationen befreundeter Narrenzünfte.

Der Umzug des Narrensamens am Rosenmontag: ein großer Tag für die Kleinen, die den Erwachsenen in nichts nachstehen wollen.

Närrischer Hochbetrieb in den Kneipen der Stadt.

Das Ende: Trauer beim Verbrennen der Fasnet und Waschen der leeren Geldbeutel (übernächste Seite).

Literatur

»Der Ahland, Amtliches närrisches Organ der Narrenzunft Rottenburg a. N. für alle Narrete, Spinnete groß und klein, gegr. 1452«. Jahrgänge 1937, 1949; 1951–1963; 1977

Allgemeine Deutsche Biographie 1, 1875 (Albrecht VI.)

Bausinger, Hermann (Hrsg.): Fasnacht, Beiträge des Tübinger Arbeitskreises für Fasnachtsforschung. Volksleben Bd. 6. Tübingen 1964

–: Dörfliche Fasnacht zwischen Neckar und Bodensee, Beiträge . . ., Volksleben Bd. 12. Tübingen 1966

–: Masken zwischen Spiel und Ernst, Beiträge . . ., Volksleben Bd. 18, Tübingen 1967

Bausinger, Jeggle, Scharfe, Warneken (Hrsg.): Narrenfreiheit, Beiträge zur Fastnachtsforschung. Tübingen 1980

Blau, Sebastian (Josef Eberle): Rottenburger Hauspostille. Tübingen 1946

Crusius, Martin: Schwäbische Chronick. Frankfurt 1733

Ehrmann, Gabriele: Georg v. Ehingen, Reisen nach der Ritterschaft. Teil I: Edition. Teil II: Untersuchung. Göppingen 1979

Elferrat, Protokollbuch des, vom 23. 3. 1933–1937, in Privatbesitz

Haßler, Ludwig Anton: Chronik der Kgl. Württ. Stadt Rottenburg und Ehingen a. N. von 1200–1819. Rottenburg 1819

Herterich, Wolfgang: Freiburger Fasnet – einst und jetzt. Freiburg 1974

Krauss, Rudolf: Schwäbische Litteraturgeschichte, 2 Bde. Freiburg 1897

Martin, Ernst: Erzherzogin Mechthild. In: Zeitschrift der Gesellschaft für Beförderung der Geschichts-, Alterthums- und Volkskunde von Freiburg, dem Breisgau und den angrenzenden Landschaften, 1870–1872

Meier, Ernst: Deutsche Sagen, Sitten und Gebräuche aus Schwaben. Stuttgart 1852

Mezger, Werner: Narretei und Tradition. Stuttgart 1984

–: Narren, Schellen und Marotten. Kierdorf 1984

Museumsgesellschaft, Protokollbuch der, Stadtarchiv Rottenburg

›Neckar-Bote‹, später ›Rottenburger Zeitung‹, später ›Rottenburger Post‹, Jahrgänge 1820–1985

Rottenburg am Neckar, Bilder einer Stadt. 1974

Schlosser, Horst Dieter: Die Mörin (Sachsenheim). Wiesbaden 1974

Theil, B.: Rottenburg und die österr. Grafschaft Hohenberg. Katalog der Ausstellung von 1981

Weller, Karl und Arnold: Württembergische Geschichte im südwestdeutschen Raum: Stuttgart 1972

Zimmersche Chronik, hrsg. Karl Barack, Freiburg 1881[2]

Bildnachweis

Narr am Obergaden der St.-Moriz-Kirche: Aufnahme Gebrüder Metz, Tübingen.

Vogtgerichtsordnung von 1616: Aufnahme Stadtarchiv Rottenburg.

Mechthild-Miniatur aus dem Wappenbuch des Hans Ingeram: Aufnahme Kunsthistorisches Museum der Stadt Wien, vermittelt von Dieter Manz, Rottenburg.

Die Schwarz-weiß-Fotos aus dem geschichtlichen Teil stammen vorwiegend aus den Alben der Narrenzunft, zu einem kleinen Teil aus privater Hand.

Die Anzeigen der Vereine im Text wurden aus dem Neckar-Boten und der Rottenburger Zeitung (beide Stadtarchiv Rottenburg) reproduziert.

Sämtliche aktuellen Fotos – farbig und schwarz-weiß – wurden von Kurt Henseler im Fasnetstreiben des Jahres 1985 aufgenommen.

Werner Mezger

Narretei und Tradition – Die Rottweiler Fasnet

182 Seiten mit 89 Abbildungen, davon 54 in Farbe. Kunstleinen

Ein großartiger Text-Bildband als Standardwerk zur Fastnachts- und Brauchtumspflege. Am Beispiel der Rottweiler Fastnacht, einer der bedeutendsten des schwäbisch-alemannischen Raums, werden Ursprung, Geschichte und Tradition, Sinn und Hintergründe dieses Brauchtums lebendig dargestellt. Werner Mezger, selbst Rottweiler und Insider der Rottweiler Fasnet, gelang es, Volkskundliches und Unterhaltsames aus der Fasnetszeit geschickt miteinander zu verbinden. Die vielen, größtenteils farbigen Abbildungen und der für jedermann verständliche Textteil machen den Band zu einem ganz besonderen Geschenk für alle Freunde der Fasnet.

Aus dem Inhalt:
Sinn der Fastnacht / Geschichte der Fasnet in Rottweil / Organisation und Pflege / Traditionen der Volkskunst / Vorfastnachtszeit und »Schmotziger Donnerstag« / Auftakt und Narrensprung / Die Narrentypen und ihre Bedeutung / Straßenfastnacht und Ausklang

Herbert Schwedt / Elke Schwedt

Malerei auf Narrenkleidern

Die Häs- und Hanselmaler in Südwestdeutschland

172 Seiten mit 133 Abbildungen, 14 Farbtafeln, 1 Karte.
Band 2 der Reihe Forschungen und Berichte zur Volkskunde in Baden-Württemberg. Leinen

Bemalte Narrenkleider der südwestdeutschen Fasnacht findet man besonders in den Narrenorten an der oberen Donau und am oberen Neckar. Die Autoren haben systematisch in 28 Orten Häs- und Hanselmaler befragt, deren Arbeitstechniken untersucht und deren Werke exemplarisch aufgenommen.
Der Band ist in drei Teile gegliedert. Der erste führt den Leser in die Materie ein und behandelt die Geschichte der bemalten Kleider, ihre Entwicklung und Verbreitung im Bereich der südwestdeutschen Fasnacht und befaßt sich mit der Motivik ebenso wie mit der sozialen Position der Maler. Im zweiten Teil werden die Maler und ihre Arbeiten vorgestellt, der dritte lädt ein zum Genießen – es ist der Bildteil.

Herbert Schwedt / Elke Schwedt / Martin Blümcke

Masken und Maskenschnitzer der schwäbisch-alemannischen Fasnacht

328 Seiten mit 176 Abbildungen, auf 104 Tafeln, davon 13 in Farbe.
Band 7 der Reihe Forschungen und Berichte zur Volkskunde in Baden-Württemberg. Leinen

In den zurückliegenden drei Jahrzehnten wurden in Baden-Württemberg Hunderte von neuen Narrenzünften gegründet und Tausende von Masken geschaffen. Über diese erstaunliche Entwicklung wurde in der Literatur gelegentlich spekuliert; notwendig sind aber exakte Bestandsaufnahmen und Analysen. Eine solche Untersuchung wird hier vorgelegt. Sie erfaßt sowohl die Maskenschnitzer in den alten Zentren der schwäbisch-alemannischen Fasnacht als auch die Schöpfer neuer Masken. Rund 130 Schnitzer wurden besucht und befragt: nach ihrer Ausbildung, ihrer Arbeitsweise, ihren ästhetischen Vorstellungen. Das Ergebnis ist ein nahezu lückenloser Überblick über das heutige Maskenschnitzen in Südwestdeutschland, gleicherweise faszinierend für die Fasnachts- wie für die Volkskunstforschung. Aber auch und vor allem die Narren sind angesprochen, die Aktiven der Fasnacht. Anhand der Bilder können sie ihren Blick für gute und weniger gute Maskengestaltungen schärfen. Darüber hinaus werden Informationen und historische Belege zur Geschichte der Holzmaske in Mitteleuropa in reicher Fülle geboten, und schließlich wird dem Leser ein Einblick in die heutigen Probleme eines alten Handwerks vermittelt: der Bildschnitzerei, Holzbildhauerei. Eine umfangreiche Bibliographie vervollständigt den Band.

Konrad Theiss Verlag

Sebastian Blau
Rottenburger Hauspostille

384 Seiten mit 6 Federzeichnungen von J. E. Wagenblast und 12 Kupferstichen von Virgil Solis. Leinen

Vor 40 Jahren erschien erstmals dieses klassische Werk schwäbischer Erzählkunst und schwäbischer Geschichtsschreibung. Die vorliegende Ausgabe, die vor einigen Jahren zum 75. Geburtstag von Sebastian Blau erschien, wurde um neue Gedichte, Zeichnungen und Kalenderbilder erweitert.

Der Verfasser hält Rückschau, besinnt sich auf seine Kindheit, kehrt zurück an seinen Heimatort, als dessen »Bürger« er dieses Buch in den Jahren innerer Emigration geschrieben hat.

Bei der Lektüre wird deutlich, wie viel der Autor seiner Heimatstadt zu verdanken hat, aber auch die Heimatstadt dem Autor, so daß Gerhard Storz einmal sagen konnte, manche Stadt, nicht nur eine schwäbische, wird Sie um die Rottenburger Hauspostille beneiden.

Sebastian Blau will in der »Rottenburger Hauspostille« die historischen und kulturellen Bedeutsamkeiten der engeren Heimat in den weiten Rahmen unserer Geschichte spannen. Ihr sonst im großen Orchester der deutschen Städte kaum hörbarer, besonderer Klang soll darin gewissermaßen als Solo hervortreten.

Daß die Rottenburger Hauspostille wesentlich mehr ist als eine bloße Orts-Chronik, hat schon Theodor Heuss klargestellt: »Und so entstand ein in seiner Art vollendetes Buch. Es ist das Werk eines Künstlers, der zu komponieren und eines Dichters, der zu schreiben versteht.«

Konrad Theiss Verlag